Rita Kusch

Schatztruhe
für die Seniorenarbeit

Impulse, Materialien und
Gesprächsanstöße

Gütersloher Verlagshaus

Bibliografische Information der Deutschen Nationalbibliothek
Die Deutsche Nationalbibliothek verzeichnet diese Publikation
in der Deutschen Nationalbibliografie; detaillierte bibliografische
Daten sind im Internet über https://portal.dnb.de abrufbar.

FSC
www.fsc.org

MIX

Papier aus ver-
antwortungsvollen
Quellen

FSC® C005833

Verlagsgruppe Random House FSC® N001967.
Das für dieses Buch verwendete FSC®-zertifizierte Papier
Munken Premium Cream liefert Arctic Paper Munkedals AB, Schweden.

1. Auflage
Copyright © 2015 by Gütersloher Verlagshaus, Gütersloh,
in der Verlagsgruppe Random House GmbH, München

Umschlagfotos: (von links oben nach rechts unten) © diego cervo, © Maria-
Bobrova, © Ingo Bartussek, © drubig-photo, © Anna Lurye, © Gerhard Seybert –
alle Fotolia.com
Bilder innen: © Magnus Schwarze (S. 24, 37, 40, 41, 44, 83, 120, 123, 144, 154,
164, 173, 212, 250), alle anderen Abbildungen von www.pixabay.com oder den
angegebenen Verlinkungen.
Druck und Einband: Těšínská tiskárna, a.s., Český Těšín
Printed in Czech Republic
ISBN 978-3-579-06199-3

www.gtvh.de

Inhalt

Zusatzthemen

Einheiten ohne jahreszeitliche Zuordnung

Vorwort des Bischofs

Wir haben aber diesen Schatz in irdenen Gefäßen,
damit die überschwängliche Kraft von Gott sei
und nicht von uns.
2. Korinther 4,7

Haben Sie eben gehört, wie dieses neue Buch in Ihren Händen beim ersten Öffnen in der Bindung noch ein klein wenig geknarrt hat? Dann sind Sie der Sache dieses neuen Buches sehr genau auf der Spur! Denn Sie öffnen mit ihm tatsächlich eine kleine Schatztruhe voller Kostbarkeiten! Und wer eine Schatztruhe vor sich hat, hat nicht nur ein Interesse daran, vorher den Staub loszuwerden oder die Spinnweben wegzuwischen. Auch die Sinne öffnen sich, werden bereits für die kleinen Momente auf dem Weg zu all den überraschenden Entdeckungen hellwach und schalten allesamt auf Empfang.

Damit beginnt schon der Respekt vor dem, was in einer Schatztruhe verborgen liegen mag und was lange Zeit kein Auge gesehen und kein Ohr gehört, geschweige denn, jemand in die Finger gekriegt hat. In der Schatztruhe wurden die Dinge ja vorzeiten behutsam verstaut, geschichtet und gestapelt, das Eine fein verpackt und sorgfältig versteckt, vielleicht für später einmal ..., das Andere aber auch dem allmählichen Vergilben, Verrosten und Vergessenwerden überlassen.

Das Bild der Schatztruhe meint natürlich nicht nur dieses Büchlein, das inzwischen zehnte, das die Diakonin und Religionspädagogin Rita Kusch nun aus ihrer ganzen Praxiserfahrung und mit ihrer großen Methodensorgfalt für die Seniorenarbeit vorlegt. Gemeinsam mit ihr bin ich schon ein wenig stolz auf so viel Freude an der Gemeindearbeit, auf ihre Sammelleidenschaft und vor allem ihre große Bereitschaft, diese Kenntnisse und Kniffe auch anderen Menschen für eine gelingende Seniorenarbeit zur Verfügung zu stellen. Dafür sage ich Rita Kusch von Herzen Dank!

Das Bild der Schatztruhe dient auch dem behutsamen Zugang zu dem, was im Zentrum dieser Arbeit stehen sollte: die Menschen, die uns in der Gemeindearbeit begegnen, die ihre Erfahrungsschätze, Lebenskostbarkeiten und Weisheitsedelsteine in sich tragen. Sie sind lebendige Schatztruhen, die hin und wieder, hier und da miteinander teilen, was sie erlebt haben, und miteinander austauschen, was sie erfahren oder sich erarbeitet haben. Diese Schätze in der Gemeinschaft zu heben, ohne sie den Einzelnen zu nehmen, mit diesen Schätzen behutsam und sorgfältig umzugehen und sie zum Leuchten zu bringen – darum geht es Rita Kusch mit ihrem neuen Buch.

Dabei ist auch auf die einzelnen Schritte der thematischen Annäherung an die jeweiligen Schätze zu achten. Selbstverständlich gehört dazu, sich den je eigenen Zugang zu einem wertvollen Thema klarzumachen. Und besonders freut mich, dass methodisch neben leichtfüßigem Spiel und anspruchsvollem Denksport immer wieder die Impulse zum Erzählen ein besonderes Gewicht haben. Im Erzählen liegt seit biblischen Zeiten eine besondere Form der gegenseitigen Beteiligung im Teilhaben an den Leidensgeschichten wie im Teilgeben an der Lebensfreude. Denn Menschen jeden Alters und jeder Generation wollen nicht nur unterhalten werden, sondern wollen selbst erzählen und sich ihrer Lebensleistung vergewissern, sich mit anderen austauschen und so Solidarität und Gemeinschaft erfahren (vgl. zur Intention des Buches). Was für ein Schatz!

Paulus schreibt an die Gemeinde in Korinth von dem Schatz im Inneren von irdenen Gefäßen, also in zerbrechlichen und vergänglichen Behältnissen. Mit diesem Bild lässt sich gut unterscheiden zwischen dem Menschen, der den Schatz wie eine Truhe in sich bewahrt, und der überschwänglichen Kraft Gottes, die uns als Schatz einen hellen Schein in unsere Herzen gegeben (2. Kor 4,6) hat. So wünsche ich dieser kleinen Schatztruhe in Buchform, dass sie aufmerksam in die Hand genommen und geöffnet wird, und den in ihr verborgenen Kostbarkeiten, dass sie helfen, die Herzen der Menschen in unseren Gemeinden hell zu machen!

Oldenburg, 1. Advent 2014

Bischof Jan Janssen

Einleitung

Unter dem Titel »Schatztruhe für die Seniorenarbeit« habe ich Ihnen 19 Themen zusammengestellt, zu denen ich Ihnen einen bunten Strauß an Methoden und Vorgehensweisen beschreibe, mit deren Hilfe Sie über das jeweilige Thema mit älteren Menschen ins Gespräch kommen können. Die ersten zwölf Einheiten, die Sie in dem Buch finden, sind den zwölf Monaten des Jahres so zugeordnet, wie es mir sinnvoll erschien. Einige der Einheiten passen nur in diesen Monat, andere können auch gut zu anderen Zeiten verwendet werden.

An diese zwölf Einheiten schließen sich noch sieben weitere Themen an, die keiner bestimmten Zeit des Jahres zuzuordnen sind. Darunter sind einige sensible Themen, bei denen ich Sie bitten möchte, gut zu überlegen, ob Sie sich gerade jetzt an gerade diese Themen heranwagen. Seien Sie dabei fürsorglich und vorsichtig, aber nicht überängstlich.

INTENTION DES BUCHES

Sie werden schnell bemerken, dass ich immer wieder Erzählimpulse zu den Themen entwickelt habe, die die Teilnehmenden dazu einladen, von sich zu erzählen. Die Generation der jetzt alt gewordenen Menschen hat so viel erlebt und erfahren, dass ich die Gespräche mit ihnen als eine Art Schatzsuche erlebt habe, weil ich und die Gruppe dabei teilhaben dürfen an dem persönlichen Erleben der Einzelnen. Gerade auch die jüngeren Alten wollen nicht nur unterhalten werden, sondern wollen selbst erzählen und sich ihrer Lebensleistung vergewissern, sich mit anderen austauschen und so Solidarität und Gemeinschaft erfahren. Sie müssen damit rechnen, dass zu Beginn dieser veränderten Herangehensweise Vorbehalte laut werden, gerade auch, weil die Menschen nicht gewohnt sind, zu erzählen und sich selbst in den Mittelpunkt zu stellen.

Über die Erzählimpulse hinaus gibt es zu jedem Thema Sammelaufgaben, Ergänzungsspiele, Rätsel und Quizaufgaben, Sprüche, die es zu deuten und zu bewerten gilt, und immer wieder kleine Geschichten, die sich in dem jeweiligen thematischen Zusammenhang vorlesen lassen.

Verweise auf Internetseiten können Ihnen helfen, das Thema noch zu vertiefen oder weitere Beispiele zu finden.

ZUM AUFBAU DES BUCHES

Die Einheiten beginnen jeweils mit einer kleinen Einführung. Dann erfolgt die Aufforderung, sich selbst dem Thema anzunähern. Das ist mir wichtig, weil der Leiter oder die Leiterin sich selbst mit dem Thema auseinandersetzen muss, um prüfen zu können, ob gerade dieses Thema für diese Gruppe geeignet ist. Darin sind immer auch Impulse dahingehend enthalten, ob es nicht im eigenen Umfeld Menschen gibt, die einen bei diesem Thema unterstützen können.

Dann folgen verschiedene Methoden, sich dem Thema zu nähern. Suchen Sie sich immer diejenigen Methoden heraus, die zu Ihnen und zu Ihrer Gruppe oder Ihrem einzelnen Gegenüber passen. Jeder Methode schließt sich an, welches Material dazu benötigt wird und wie lange diese Methode ungefähr dauern wird. Meist am Ende der Einheit folgt dann eine Geschichte zum Vorlesen. Fast immer sind es mehr Methoden, als Sie für eine Stunde mit den älteren Menschen benötigen. Wählen Sie also aus, lassen Sie etwas weg und fügen Sie eigene Ideen und Gedanken ein.

MATERIAL

Auf der beigefügten CD-ROM finden Sie das komplette Buch als PDF. Darüber hinaus finden Sie im Ordner »Vorlagen« die im Buch unter »Material« genannten Fragen, Listen, Quiz-Vorlagen, Formblätter etc. (nach Seitenzahl geordnet) zum einfachen Ausdrucken für die Verwendung und Weiterbearbeitung in Ihrer Gruppe. Die Fotos der im Buch abgebildeten Spiele sind ebenfalls vierfarbig auf der beigefügten CD-ROM.

ATMOSPHÄRE

Nutzen Sie immer wieder die Möglichkeiten, das Thema des Tages schon in der Dekoration und in der Auswahl des Kuchens einzuführen. Gerade diese Kleinigkeiten tragen zu einer schönen Atmosphäre im Seniorenkreis oder in der Beschäftigungsrunde bei, die nicht zu unterschätzen ist. Sie signalisieren den Teilnehmenden, dass Sie sich gut vorbereitet und auf den Besuch gefreut haben. Bedenken Sie, dass viele ältere Menschen alleine leben und somit Gemeinschaft und schön gedeckte Tische umso mehr genießen.

PROGRAMM

Ich halte es für eine gute Herangehensweise, die Themen der jeweiligen Treffen in einem Jahres- oder Halbjahresprogramm vorher bekannt zu geben. Die Programme können dort ausgelegt werden, wo viele der möglichen Teilnehmenden einkaufen oder andere Dinge zu erledigen haben. Sie können sie vorher an die Presse schicken, um dort um Veröffentlichung zu bitten. Geben Sie natürlich auch den Teilnehmenden solche Programme mit nach Hause, damit sich die Menschen schon vorab auf das Thema einstellen und sich vielleicht selbst Beiträge überlegen können. Solch eine rechtzeitige Planung ist auch hilfreich, wenn Sie Referentinnen oder Referenten einladen wollen, die ja meist einen engen Zeitplan haben und sich die Zeit mit Ihnen reservieren müssen. Heften Sie das Programm immer gut ab, damit stets ein Überblick möglich ist, über was gesprochen wurde. So vermeiden Sie Doppelungen oder Wiederholungen.

WERBUNG

Es gibt vielerlei Möglichkeiten, auf die Arbeit im Seniorenkreis oder der Beschäftigungsrunde aufmerksam zu machen. Zu denken, Seniorenarbeit sei ein Selbstläufer und bedürfe keiner Werbung, ist ein Fehlschluss. Es gibt immer wieder ältere Menschen, die ganz gezielt zu einzelnen Themen kommen und nicht regelmäßig teilnehmen mögen. Wenn Sie gute Kontakte zur Presse haben, weisen Sie in einer kurzen Notiz auf das Treffen hin und benennen Sie auch das Thema, das an dem Tag vorgesehen ist.

Inzwischen ist für viele ältere Menschen auch das Internet eine willkommene und häufig genutzte Informationsquelle, sodass es klug wäre, auch dort die Zeiten und Themen der Treffen zu veröffentlichen.

Wenn in Ihrer Gemeinde oder Ihrem Haus Geburtstagsbesuche gemacht werden oder den Jubilaren zum Geburtstag geschrieben wird, bitten Sie doch darum, bei den Besuchen das Programm des Seniorenkreises mitzunehmen bzw. ein Programm mit in die Geburtstagspost zu legen.

Schließlich werben Sie auch damit, dass Sie immer mal wieder Ergebnisse aus dem Zusammensein mit den älteren Menschen an geeigneter Stelle zeigen. Und auch eingeladene Referenten können »Publikumsmagneten« sein und neue Interessenten in den Seniorenkreis locken.

GENERATIONEN

Nutzen Sie viele Gelegenheiten, Menschen verschiedener Generationen zusammenzuführen. Die Kontakte zwischen den Generationen sind in den Familien oft nicht mehr so gegeben, weil die Menschen weit auseinander wohnen. Es ist aber wichtig, nicht nur in der eigenen Altersgruppe zu leben, sondern sich auch mit älteren und jüngeren Menschen auseinanderzusetzen. Das ist laut einer Umfrage des Sozialwissenschaftlichen Instituts in Hannover ein besonders häufig genannter Wunsch an das Leben in einer Kirchengemeinde. Bei diesen Kontakten beispielsweise zu Kindern und Jugendlichen geht es nicht darum, dass diese etwas Niedliches für die älteren Menschen aufführen oder singen, sondern vor allem um das Gespräch und den Austausch. Die älteren Menschen haben definitiv viel zu erzählen, vor allem auch Dinge, die heute nahezu unbekannt geworden sind. Und die Jüngeren können von ihrem Erlebnisbereich erzählen, der sich in Schule und Ausbildung ja auch erheblich von dem unterscheidet, was die Älteren erlebt haben. So nähern sich die Generationen einander an und Vorurteile können wirkungsvoll abgebaut werden.

MÄNNER UND FRAUEN

Die demografische Erhebung zeigt zwar immer noch, dass es in der Generation der älteren Menschen mehr Frauen als Männer gibt. Dass so wenige Männer beispielsweise in die Seniorenkreise unserer Kirche kommen, liegt aber auch an der Programmgestaltung und der Themenwahl. Oft beobachte ich, dass die Themen vorwiegend weiblich orientiert sind. So wundert es mich nicht, dass Männer eher zögerlich teilnehmen. Schon die Form der Veranstaltung erinnert oft an Kaffeeklatsch, eine beliebte Veranstaltung für Frauen. Wenn es Angebote für Senioren gibt, die vormittags stattfinden und mit einem zweiten Frühstück verbunden sind, steigt die Zahl der teilnehmenden Männer enorm an. Auch für Männer interessante Themen helfen zusätzlich dabei, auch sie einzuladen und in der Gruppe zu halten.

ZU DEN ZEITANGABEN

Am Ende jedes Vorschlags habe ich Ihnen aufgeschrieben, wie lange diese Methode jeweils dauern könnte. Die Angaben sind aber sehr davon abhängig, wie groß die Gruppe ist, mit der Sie arbeiten, wie erzählfreudig die Teilnehmenden sind und welche einzelnen Erinnerungen zutage treten. Es sind also nur ungefähre Zeiten, die ich Ihnen da nennen kann.

GRUPPENLEITUNG UND TEAM

Als Leiterin oder Leiter einer Gruppe von älteren Menschen haben Sie eine wichtige und schöne Aufgabe. Gewiss sind Sie auch Ansprechpartner bei Sorgen und Nöten, aber auch bei Freude und Glück.

Wenn Sie meine thematischen Vorschläge aufnehmen wollen, nähern Sie sich immer zuerst selbst dem Thema an, damit es zu Ihrem Thema wird und Sie dem Angebot Ihre eigene Handschrift geben können. Sie kennen Ihre Teilnehmenden am besten und können abschätzen, was ihnen gefallen könnte und wozu sie etwas zu erzählen haben und eben auch, was besser vermieden werden sollte.

Wenn Ihnen ein Thema nicht zusagt oder Sie Bedenken haben, es gut genug vorbringen zu können, wählen Sie lieber etwas anderes. Die Leitung ist immer Motivationsträger und kann nur bei eigener Begeisterung für ein Thema der Gruppe den nötigen Schwung vermitteln.

Gestalten Sie Ihre Rolle in der Leitung mehr in Richtung Moderation, als dass Sie selbst lange Wortbeiträge liefern. In der Regel wird es ja so sein, dass Sie jünger als Ihre Teilnehmenden sind, sodass Sie von deren Erfahrungen und Weisheiten profitieren können. Überlegen Sie immer gut, was Sie von sich erzählen möchten. Es ist schon wichtig und gut, dass Sie Bestandteil der Gruppe sind, aber Sie sind eben nie eine der Teilnehmenden. Hier ist eine gute Balance zwischen Distanz und Nähe zu wahren.

Wenn Sie die Leitung als Team gestalten, verteilen Sie die jeweiligen Aufgaben nach den Begabungen und Talenten der Einzelnen. Nehmen Sie sich am Ende der Veranstaltung Zeit, über den Verlauf noch zu reflektieren, und schreiben Sie in einem Gruppenbüchlein auf, was Sie gemacht haben, welchen Kuchen es gab und ob es besondere Vorkommnisse gab. Auch eine Teilnehmerliste ist hilfreich, damit Sie gut im Blick haben, wenn jemand beispielsweise länger nicht gekommen ist. Ein solches Gruppenbüchlein ist eine gute Möglichkeit dafür, dass jeder im Team sich schnell informieren kann. Auch wenn die Leitung einmal in andere Hände übergeben wird oder eine Chronik geschrieben werden soll, ist es eine große Hilfe.

MIT ZWÖLF THEMEN
durch das Jahr

MONATSTHEMA JANUAR:
Glück

Viel Glück im neuen Jahr! Herzlichen Glückwunsch zum Geburtstag oder zum Namenstag! Glückliche Reise! Oft wünschen wir unseren Mitmenschen Glück zu einem besonderen Tag oder für ein besonderes bevorstehendes Ereignis. Aber was ist eigentlich Glück? Dazu haben die unterschiedlichen Menschen ganz unterschiedliche Auffassungen. Für mich beispielsweise ist es ein besonderes Glücksgefühl, auf meiner Holzterrasse zu sitzen und meine Ideen und Gedanken in meinen Laptop zu tippen, die Sie dann irgendwann in Händen halten.

EIGENE ANNÄHERUNG AN DAS THEMA

Was ist für Sie Glück? Sind Sie grundsätzlich ein glücklicher Mensch? Was, denken Sie, ist für Ihre Teilnehmenden Glück? Wie könnten Sie damit umgehen, wenn Teilnehmende zu Ihnen sagen, dass sie in ihrem Leben selten Glück gehabt haben?

GESPRÄCHSIMPULS

AUSWAHL VON SPRÜCHEN ALS GESPRÄCHSANLASS

Drucken Sie die nachfolgenden Sprüche zum Thema Glück in großer Schrift aus und legen Sie diese auf den Tischen aus oder hängen Sie sie gut sichtbar irgendwo im Raum auf.

Dann soll jeder und jede einen Spruch wählen, ihn vorlesen und die Auswahl begründen.

- *Am Glück ist alles gelegen.*
- *Sammle auf dem Weg zum großen Glück alle kleinen Glücke ein. Wenn du dann das große Glück nicht findest, hast du wenigstens die kleinen Glücke gehabt.*
- *Bescheiden Glück kommt alle Tage.*
- *Das Glück des einen ist das Unglück des anderen.*
- *Das Glück spielt immer die erste Geige.*
- *Das Glück hält seine Worte und Briefe nicht.*
- *Das Glück gibt dem einen die Nüsse, dem anderen die Schalen.*
- *Das Glück ist dem Kühnen hold.*
- *Das Glück muss man erobern.*
- *Das Glück zieht man mit der Zange nicht herbei, und das Unglück kommt selbst.*
- *Das Glück hasset weise und gelehrte Leute, die mit Vernunft alle Dinge vermögen.*
- *Das Glück ist ein Rindvieh und sucht seinesgleichen!*
- *Das Glück ist ein Vöglein, man meint, man hätt's schon, und wie man's will fangen, da fliegt es davon.*
- *Das Glück ist wie das Licht, es braucht den Schatten des Leides.*
- *Das Glück ist mancher Art, aber es lässt jedem seinen Bart.*

- *Das Glück macht aus Bettlern Könige und aus Königen Bettler.*
- *Ein mäßiges Glück ist das ehrlichste und rühmlichste.*
- *Glück und Unglück sind wie zwei Eimer im Brunnen, zieht man den einen auf, so sinkt der andere ab.*
- *Glück und Glas, wie leicht bricht das.*
- *Glück fleucht den, der es sucht, und sucht den, der es fleucht.*
- *Glück mit Sünd und Schand hat nicht Bestand.*
- *Glück besteht in der Kunst, sich nicht zu ärgern, dass der Rosenstrauch Dornen trägt, sondern sich zu freuen, dass der Dornenstrauch Rosen trägt. (Arabisches Sprichwort)*
- *Im Glück sind wir gute Christen.*
- *Im Glück vergisst man die Heiligen.*
- *Man darf das Glück wohl wie eine Gans rupfen, man muss ihm aber nicht wie einem Geier den Hals umdrehen.*
- *Mit dem Glück geht es wie mit der Brille: Man hat sie auf der Nase und weiß es nicht.*
- *Wen das Glück ehrt, der soll es wieder ehren.*
- *Wenn das Glück einem schmeichelt, so will's ihm den Hals abstechen.*
- *Zu großem Glück ist nicht zu trauen.*
- *Das Glück tritt gern in ein Haus ein, wo gute Laune herrscht. (Japanisches Sprichwort)*
- *Wer dem Glück nachläuft, kann es selten einholen. (Südamerikanisches Sprichwort)*

Es ist ein methodisch guter Kniff, die Sprüche zwei oder drei Mal auszudrucken, da es erfahrungsgemäß so ist, dass einige Sprüche gerne von mehreren Menschen gewählt werden, weil sie besonders beliebt sind. Da die Begründungen für die Wahl aber unterschiedlich sein werden, ist das nicht weiter schlimm.

Diese Internetseite hat mir beim Finden der Sprüche geholfen: http://www.gluecksarchiv.de/inhalt/sprichwoerter.htm

Dauer: 30 Minuten

Material: die ausgedruckten Sprüche, Klebeband zum Anheften an die Wand

KREATIVES

BASTELARBEIT

Drucken Sie die Vorlage aus und kopieren Sie diese auf grünes Papier, das gerne etwas dicker sein darf. Dann bekommen alle Teilnehmer ein kopiertes Kleeblatt und sollen in die vier Felder schreiben, was für sie Glück bedeutet. Am besten, Sie schreiben schon selbst in eines der Felder das Wort »Gesundheit«, denn das werden alle aufschreiben.

http://www.malvorlagen-fensterbilder.de/bilder-sw/Kleeblatt.gif

Gestalten Sie mit den Ergebnissen ein großes Plakat oder bitten Sie darum, für diesen Monat die Gestaltung des

Schaukastens oder der Info-Wand vornehmen zu dürfen. So können Sie, mit einer entsprechenden Beschriftung zur Entstehung des Plakates, einmal mehr über die Arbeit im Seniorenkreis informieren und auf diese Weise fast nebenbei Öffentlichkeitsarbeit leisten.

Dauer: 20 Minuten

Material: die ausgedruckten Kleeblätter, Scheren, Stifte

GESPRÄCHSIMPULS & KREATIVES

POESIEALBUM

Fordern Sie die Teilnehmenden auf, alte Poesiealben mitzubringen. Jeder und jede soll den liebsten Spruch aus einem Poesiealbum vorlesen und dazu erzählen, warum gerade dieser Spruch so beliebt war.

Regen Sie danach an, jeder und jede möge einen Spruch aus einem Poesiealbum auf ein DIN A 4-Blatt schreiben. Gerne kann das auch in der alten deutschen Schrift erfolgen. Nachdem jeder und jede den gewählten Spruch vorgelesen und ggf. auch begründet hat, binden Sie aus allen wieder eingesammelten Blättern gemeinsam ein Poesiealbum der Gruppe. Vielleicht finden Sie in einem Schreibwarengeschäft noch einige der Tauschbilder, die früher neben den gewählten Spruch geklebt wurden.

Wenn Sie sich in einem Gemeindehaus treffen, in dem auch Kinder und Jugendliche zu Gast sind, könnten Sie doch einmal anregen, man möge frühere Poesiealben und heutige Freundschaftsbücher miteinander vergleichen. Schön ist auch die Idee, die älteren Menschen könnten für Jugendliche einen Spruch auswählen, aufschreiben und ihn bei einer Begegnung übergeben. So kommen die Generationen miteinander ins Gespräch und können sich austauschen, welche Wünsche die Alten und die Jungen für die Zukunft hatten und haben.

Dauer: Alben anschauen und Vorlesen der Sprüche 30 Minuten, Spruch aufschreiben 20 Minuten, Begegnung mit Generationen 45 Minuten

Material: Poesiealben, festeres Papier und Stifte, Spiralbindung mit Deckblatt, Freundschaftsbücher

GESPRÄCHSIMPULS

ERINNERUNG AN SPRÜCHE AUS POESIEALBEN

Gewiss erinnern sich Ihre Teilnehmenden noch an Sprüche, die man früher selbst in ein Poesiealbum geschrieben hat oder die andere einem ins Album geschrieben haben.

Sie enthalten sehr oft Wünsche zum Glück. Vielleicht können Sie noch einige alte Poesiealben besorgen. Das hilft der Erinnerung gut auf die Sprünge. Wenn Sie keine zur Verfügung haben, zeigen Sie das Bild auf der CD-ROM, auf dem einige Alben aus unterschiedlichen Jahren abgebildet sind. Fordern Sie dazu auf, zunächst an den Tischen diese Sprüche zusammenzutragen und aufzuschreiben. Haben Sie viele Teilnehmende, die nicht mehr so gut schreiben können, könnten Sie doch gut einige Konfirmandinnen und Konfirmanden in die Runde einladen, die sich als Sekretärinnen oder Sekretäre zur Verfügung stellen. So kommt sicherlich auch gleich ein Austausch zustande. Beachten Sie, dass die beliebten Sprüche sich in jeder Generation geändert haben. Damit Sie nicht zu lange zu suchen brauchen, habe ich Ihnen schon mal einige Sprüche (aus meinem Poesiealbum) zusammengestellt.

- *Kurz und gut, mein Wunsch ist klein – Rita, du sollst glücklich sein.*

- *Liebe das Mutterherz, solange es schlägt; wenn es gestorben ist, ist es zu spät.*

- *Sei wie das Veilchen im Moose, bescheiden, sittsam und rein, und nicht wie die stolze Rose, die immer bewundert will sein.*

- *Lebe glücklich, lebe froh wie der Mops im Haferstroh.*

- *Schifflein fahre weiter, wenn der Mast auch bricht. Gott ist dein Begleiter. Er verlässt dich nicht.*

- *Rosen, Tulpen, Nelken – alle Blumen welken. Nur dies eine Blümlein nicht, denn es heißt Vergissmeinnicht.*

- *Ist der Mensch mäßig und genügsam, so ist auch das Alter keine schwere Last. Ist er es nicht, so ist auch die Jugend voller Beschwerden. (Plato)*

- *Was du sagst, das sei wahr, ehrlich bleibe immerdar. Halte Wort auf jeden Fall, dann traut man dir überall.*

- *Willst du glücklich sein im Leben, trage bei zu andrer Glück, denn die Freude, die wir geben, kehrt ins eigene Herz zurück.*

- *So, wie die Rosen blühen, so blühe stets dein Glück, und wenn du Rosen siehest, so denk an mich zurück.*

- *Nicht alles Gold, was gleißt, Glück nicht alles, was so heißt, nicht alles Freude, was so scheint, damit hab ich gar manches gemeint.*

- *Wie das Bächlein so silberklar fließe dein Leben dahin. Ehrlich, heiter, offen und wahr sei und bleibe dein Sinn.*

- *Es grünet die Tanne, es wachset das Erz. Gott schenke uns allen ein fröhliches Herz.*

- *Sei gehorsam, sei bescheiden, folge gern der Eltern Wort. Lerne reden, lerne schweigen, aber stets am rechten Ort.*

- *Alle Freuden dieses Lebens fliehen wie ein Strom dahin. Keine Stunde muss vergebens, ungenützt vorüberziehn.*

- *Sieh den Schwan auf blauer Flut, liebe Rita, merk dir's gut! Halte stets dein Herz so rein wie der Schwan sein Federlein.*

- *Wenn getrennt uns viele Meilen, wir uns nie mehr wiedersehn, oh, so mögen diese Zeilen dir als treues Denkmal stehn.*

- *Sei immer froh und heiter und mach kein trüb Gesicht, denn durch ein trübes Fenster scheint Gottes Sonne nicht.*

- *Wie schön ist doch das Leben, das keine Sorgen kennt, wenn man mit seiner Mappe um acht zur Schule rennt.*

- *Zwei Schlüsselein öffnen dir jedes Herz, zwei niedliche, kleine blanke. Gib acht, dass du sie nie verlierst, sie heißen »bitte« und »danke«!*

- *Dem kleinen Veilchen gleich, das im Verborgnen blüht, sei immer fromm und gut, auch wenn dich niemand sieht.*

- *Der Gott, der alle Menschen liebt, der Leiden mindert, Freuden gibt, der stets ein Herz, wo Tugend wohnt, so gern, so väterlich belohnt, der sei durchs Erdenleben hier, geliebte Freundin, stets mit dir.*

- *Dein Leben sei glücklich und heiter, kein Leiden betrübe dein Herz. Das Glück sei stets dein Begleiter, nie treffe dich Kummer und Schmerz.*

Dauer: 20 Minuten

Material: gut wäre ein Flipchart, auf dem Sie die genannten Sprüche aufschreiben können, ein dick schreibender Stift

GESPRÄCHSIMPULS

GESPRÄCH ÜBER DIE SPRÜCHE UND DEN UMGANG MIT DEM ALBUM

Laden Sie dazu ein, über die Sprüche noch einen Moment ins Gespräch zu kommen. Die meisten dieser Sprüche sind ja recht naive Wünsche zu immerwährendem Glück, das wohl niemand so ungetrübt erlebt hat, wie die Wünsche das ausdrücken. Oder sie beinhalten moralische Appelle, die wir heute so eher nicht mehr sagen und aufschreiben würden. Abschließend können Sie noch darüber ins Gespräch kommen, wie der Umgang mit Poesiealben früher war. Ich erinnere mich noch gut daran, dass es eine streng einzuhaltende Reihenfolge gab, nach der die ausgewählten Menschen in das Album schreiben durften. Zuerst die Eltern, dann die Paten und die weiteren Verwandten. Darauf folgten die Lehrer und der Pastor. Dann gab es eine regelrechte Hierarchie, nach der die Freundinnen und Freunde aufgeführt wurden. Sicherlich haben Ihre Teilnehmenden dazu auch noch lebhafte Erinnerungen. Außerdem wird man sich sicherlich daran erinnern, welch ein Stress es immer war, in ein Album zu schreiben, denn es war ja eine regelrechte Schande, sich dabei zu verschreiben. Und die besondere Aufregung, die es bedeutete, den Lehrer oder den Pastor um einen Eintrag zu bitten, ist sicherlich auch noch in lebhafter Erinnerung und kann zum Erzählen einladen.

Dauer: 20 Minuten

Material: keines

GESCHICHTE VOM GLÜCK ODER UNGLÜCK

Es gibt eine schöne Geschichte von einem alten Mann, der ein besonderes Pferd hat, das er nicht verkaufen will, obwohl er sehr arm ist. Das Pferd verschwindet und seine Nachbarn halten das für ein großes Unglück. Der alte Mann will das Geschehen aber nicht beurteilen, bevor er weiß, wie es weitergeht. Das Pferd kommt zurück und bringt noch zwölf weitere Pferde mit. Die Nachbarn halten das für großes Glück. Der Alte will wieder mit seiner Einschätzung warten. So geht das mit etlichen weiteren Ereignissen hin und her. Immer wieder beharrt der Alte darauf, dass man erst am Ende sagen kann, ob etwas ein Fluch oder ein Segen ist.

Die ganze Geschichte finden Sie im Internet auf der Seite http://home. arcor.de/heike.stetter/Fremdimpulse/Fluch.Segen.html

Dauer: nur Vorlesen 7 Minuten

Material: die Geschichte ausgedruckt oder das Buch

Sehr schön erzählt ist diese Geschichte auch in diesem Buch:»Ich habe nach dir gewonnen« – Weisheitsgeschichten für einen anderen Blick auf das Leben (Kristina Reftel, Gütersloher Verlagshaus). Das Buch enthält darüber hinaus viele lesens- und vorlesenswerte Geschichten.

Sicherlich fallen den Zuhörenden weitere eigene Beispiele ein, die ein ähnliches Bild von Glück oder Unglück ergeben. Wenn die Runde miteinander vertraut ist, wird es nicht schwierig sein, darüber in einen Austausch zu treten. Ich wünsche Ihnen jedenfalls für diese Einheit:

Viel Glück!

MONATSTHEMA FEBRUAR:
Blumen

Bei anhaltendem Winter ist die Sehnsucht nach Farben und Blumen groß. Außerdem sind Blumen ein Thema, zu dem viele der älteren Menschen etwas erzählen können. Als Hobbygärtner betätigen sich auch viele Männer, sodass Sie einmal mehr etwas für beide Geschlechter anbieten können. Natürlich sollten Sie für diese Zusammenkunft Blumenschmuck auf den Tischen verteilen, damit bereits beim Hereinkommen eine Einstimmung auf das Thema erfolgen kann.

EIGENE ANNÄHERUNG AN DAS THEMA

Haben oder hatten Sie selbst einen Garten, von dessen Aussehen in den verschiedenen Jahreszeiten Sie erzählen und ggf. Bilder zeigen könnten? Welche Blumen kennen Sie? Gibt es in Ihrer Nähe eine Gärtnerei oder einen Blumenladen, von wo Sie Hilfe für diese Einheit bekommen könnten? Kennen Sie einen Gärtner oder eine Gärtnerin, der oder die Sie unterstützen könnte? Bietet die Volkshochschule Ihrer Stadt einen Ikebana-Kurs an? Dann könnten Sie die Leiterin des Kurses um einen Besuch in Ihrem Kreis bitten, damit sie dort von der Kunst des Blumensteckens erzählt.

SAMMELAUFGABE / SPRICHWÖRTER

REDENSARTEN

Lassen Sie die Teilnehmenden Redensarten zu Blumen zusammentragen. Das kann per Zuruf oder an den Tischen erfolgen. Hier einige Tipps, falls Sie der Erinnerung auf die Sprünge helfen müssen.

- *Etwas durch die Blume sagen*
- *Rosen, Tulpen, Nelken, alle Blumen welken ...*
- *Drei Dinge sind uns aus dem Paradies geblieben: Blumen, Sterne und Kinder.*
- *Was Sonnenschein für die Blumen ist, sind lachende Gesichter für die Menschen.*
- *Ich habe heute ein paar Blumen nicht gepflückt, um dir ihr Leben zu schenken.*
- *Eine Frau ohne Geheimnisse ist wie eine Blume ohne Duft.*
- *Blumen sind das Lächeln der Erde.*
- *Blüht eine Blume, zeigt sie uns ihre Schönheit, blüht sie nicht, lehrt sie uns die Hoffnung.*
- *Aus derselben Ackerkrume wächst das Unkraut wie die Blume.*
- *Den Duft der Rose wirst du nur zwischen den Dornen finden.*

Diese Internetseiten waren mir behilflich: http://zitate.net/blumen.html, http://myzitate.de/stichwoerter.php?q=Blume, https://www.aphorismen. de/suche

Dauer: 10 Minuten

Material: ggf. Papier und Stifte für das Sammeln an den Tischen

BLUMEN IN SCHLAGERN UND LIEDERN

Geben Sie die Aufgabe, möglichst viele Schlager oder Volkslieder oder auch Lieder aus dem Gesangbuch zu finden, in denen Blumen vorkommen. Auch das kann wieder per Zuruf oder an den Tischen vorgenommen werden. Viele der Lieder werden sicherlich auch gerne angestimmt. So könnte das Ergebnis aussehen:

- *Weiße Rosen aus Athen*
- *Rote Rosen, rote Lippen, roter Wein*
- *Tulpen aus Amsterdam*
- *Ganz in Weiß mit einem Blumenstrauß*
- *Sag mir, wo die Blumen sind*
- *Sah ein Knab ein Röslein stehn*
- *Wenn der weiße Flieder wieder blüht*
- *Schenkt man sich Rosen in Tirol*
- *Geh aus, mein Herz, und suche Freud*

Dauer: nur das Sammeln 5 Minuten, wird auch gesungen, entsprechend länger

Material: keines

FINDEN SIE ZU JEDEM BUCHSTABEN DES ABCS EINE BLUME

Fertigen Sie eine Liste mit den gängigen Buchstaben des Alphabets an und lassen Sie die Teilnehmenden für jeden Buchstaben möglichst viele Blumen finden, die in die Liste geschrieben oder per Zuruf auf einer Tafel zusammengetragen werden sollen. XY sollten Sie auf jeden Fall weglassen. Gut ist es, wenn Sie ein Pflanzenlexikon zur Hand haben, um Unklarheiten aus dem Weg räumen zu können. Sie können auch die ABC-Schablone von der zum Buch gehörenden CD-ROM nehmen.

Dauer: 10 Minuten

Material: ggf. die ABC-Schablone, ein Pflanzenlexikon

SAMMELN VON WISSEN / MITGEBSEL

ZEHN BLUMEN

Fragen Sie in einem Blumenladen in Ihrer Nähe nach zehn Blumen, die man Ihnen zu einem Strauß zusammenfügen möge. Meistens bekommt man die Blumen geschenkt, wenn man der Floristin erzählt, dass es um ein Spiel beim Seniorennachmittag geht. Der Strauß wird gut sichtbar für alle aufgestellt. Die Teilnehmenden sollen nun benennen, wie die Blumen in dem Strauß heißen.

Wenn Sie dazu Gelegenheit haben, machen Sie vorher ein Foto von dem Strauß und drucken Sie es für alle aus. So haben Sie wieder einmal ein schönes Mitgebsel.

Dauer: 15 Minuten

Material: den Blumenstrauß, wenn möglich ein Foto für jeden Teilnehmenden als Mitgebsel

BLUMENKRANZ

Lassen Sie möglichst viele Wörter sammeln, die alle mit BLUMEN beginnen. So könnte die Liste aussehen:

- *Blumentopf*
- *Blumenkübel*
- *Blumenstrauß*
- *Blumenerde*
- *Blumenbeet*
- *Blumensamen*
- *Blumengeschäft*

- *Blumenzwiebel*
- *Blumenmeer*
- *Blumenkohl*
- *Blumenkranz*
- *Blumenvase*
- *Blumendünger*
- *Blumenmädchen*

Notieren Sie die erfolgten Nennungen auf dem Flipchart. So hat die Gruppe besser die Übersicht, welche Worte schon genannt worden sind.

Dauer: 5 Minuten

Material: ggf. ein Flipchart und ein Stift

BLÜTENKRANZ

Malen Sie verschiedene Blumen je auf ein weißes Blatt auf. Die Blumen sollten verschiedene Größen haben und, was das Ausschneiden betrifft, verschiedene Schwierigkeitsgrade. Drucken Sie die Blumen in verschiedenen Farben auf ganz normales Schreibpapier auf. Dann brauchen Sie noch Blätter in zwei verschiedenen Grüntönen, die auch unterschiedlich groß sein sollten. Weiter benötigen Sie einen Pappring, der etwa so groß wie ein Essteller sein sollte, der in der Mitte aber offen sein muss. Der Ring sollte etwa 5 cm breit sein.

Nun schneiden die Teilnehmenden die unterschiedlich farbigen Blüten und Blätter aus. Verteilen Sie die Blüten und Blätter dabei so, dass diejenigen, die motorisch etwas eingeschränkt sind, die größeren Blüten oder Blätter bekommen. Gehen Sie immer wieder an den Tischen vorbei und nehmen Sie die bereits ausgeschnittenen Blumen mit und entsorgen Sie die Schnipsel. Die ausgeschnittenen Blüten und Blätter werden dann an einem Extratisch zu einem Blütenkranz zusammengeklebt. Das sieht als Gemeinschaftsarbeit sehr schön aus, wäre aber für einen Menschen alleine eine viel zu umfangreiche Arbeit. So können Sie zum Schluss noch einige Gedanken über den Wert und die Effektivität von Gemeinschaften benennen.

Das Ergebnis könnte wie die Abbildung auf der rechten Seite oben aussehen:

Bild: © Heike Bödeker

Dauer: je nach Teilnehmerzahl 30 – 45 Minuten

Material: ausgedruckte Blüten auf buntem Papier, Scheren, den Kranzrohling, Klebstoff, Papierkörbe

GAST

HOBBYGÄRTNER

Vielleicht gibt es in Ihrer Nähe einen Hobbygärtner oder einen Heilpflanzengarten, aus dem Ihnen und den Teilnehmenden jemand gerne etwas über die Arbeit erzählt. Schön wäre natürlich, wenn auch Bilder oder Anschauungsmaterial mitgebracht werden könnten.

Dauer: 30 Minuten

Material: Bilder, Pflanzenbeispiele

KREATIVES

COLLAGE

Wenn Sie in einer Gärtnerei um Prospekte bitten, könnten die Teilnehmenden daraus eine schöne Blumencollage herstellen, die als Arbeitsergebnis einmal mehr auf den Seniorenkreis aufmerksam macht.

Dauer: 30 Minuten

Material: Prospekte aus einem Gartenkatalog, Scheren, Klebstoff, Pappe oder Fotokarton

RATESPIEL / ERZÄHLIMPULS

BLUMENSPIEL

Besorgen Sie sich sechs schöne Bilder von Blumen. Nutzen Sie dazu eigene Fotos oder recherchieren Sie im Internet. Sie können auch Bilder aus Gartenkatalogen nehmen. Kleben Sie die Bilder auf festere Pappe, damit sie stabiler werden. Oder Sie verwenden Blumenpostkarten. Auf die Rückseite schreiben Sie jeweils sechs Fragen rund um das Thema Blumen, Gärten, Gartenarbeit. Die Bilder liegen mit der Bildseite nach oben auf dem Tisch, um den sich die Spielerrunde versammelt hat. Zum Spiel gehört ein Würfel, der die Möglichkeit bietet, ein bis sechs Augen zu würfeln. Ein Spieler sucht sich zunächst ein Bild aus, würfelt dann und erhält die Frage gestellt, die der erwürfelten Augenzahl auf der Rückseite der Karte entspricht. Hat man also eine Drei gewürfelt, bekommt man Frage 3 gestellt. Ist dazu von diesem Spieler alles gesagt, kann die Frage noch an die

Runde weitergegeben werden. Dann ist der nächste Spieler an der Reihe, der wieder ein Bild wählt, würfelt und die Frage gestellt bekommt, die beantwortet werden soll.

So könnten die Fragen aussehen:

1. *Welches ist Ihre Lieblingsblume?*
2. *Welche Blumen gehören in einen schönen Garten?*
3. *Welche Blumen blühen gelb?*
4. *Welche Blumen sind giftig?*
5. *Welche Blumen duften gut?*
6. *Was ist das für eine Blume hier auf dem Bild?*

1. *Welche Blumen gehören in einen schönen Bauerngarten?*
2. *Welche Blumen blühen im Sommer?*
3. *Welche Blumen blühen im Winter?*
4. *Welche Blumen binden Sie in einen schönen Blumenstrauß?*
5. *Welche Blumen wünschen Sie sich zum Geburtstag?*
6. *Was ist das für eine Blume hier auf dem Bild?*

1. *Welche Blumen verschenken Sie gerne?*
2. *Mögen Sie künstliche Blumen?*
3. *Welche Blumen mögen Katzen nicht riechen?*
4. *Welche Bäume verlieren im Winter die Blätter nicht?*
5. *Wie oft haben Sie im Garten den Rasen gemäht?*
6. *Was ist das für eine Blume hier auf dem Bild?*

1. *Nennen Sie uns drei winterharte Pflanzen!*
2. *Welche Blumenzwiebeln kennen Sie?*
3. *Welche Herbstblumen kennen Sie?*

4. Was für Bodendecker kennen Sie?
5. Welche Blumen sind essbar?
6. Was ist das für eine Blume hier auf dem Bild?

1. Welche Blumen kann man für Tees trocknen?
2. Was kann man mit Lavendel machen?
3. Wie kann ich Blumen länger haltbar machen?
4. Welche Blumen können in der prallen Sonne stehen?
5. Welche Blumen gehören im Frühjahr zu den Ersten?
6. Was ist das für eine Blume hier auf dem Bild?

1. Welche Gemüsesorten haben Sie angebaut?
2. Welche Beerensträucher kennen Sie?
3. Wo wächst der Kürbis am besten?
4. Welche Blumen haben Heilkräfte?
5. Welche Blume wird auch die Königin der Blumen genannt?
6. Was ist das für eine Blume hier auf dem Bild?

Dauer: 30 Minuten

Material: das erstellte Spiel und ein Würfel, der gerne etwas größer sein kann

Welche Dinge, die Gelb sind, kennen Sie noch?

WAS HAT NOCH DIESE FARBE?

Suchen Sie sich schöne Bilder von Blumen in unterschiedlichen Farben. Sie können selbst Fotos machen oder Sie schneiden aus einem Prospekt für Gartenbedarf unterschiedliche Blumen aus. Auf der Rückseite der Fotos wird jeweils gefragt, welche Objekte noch die gleiche Farbe haben. Wenn Sie mit Menschen mit einer demenziellen Veränderung arbeiten, sollten Sie nur wenige Karten auf dem Tisch liegen haben. Wenn die Kraft ganz klein geworden ist, kann es auch schön sein, einfach nur die bunten Blumenkarten anzuschauen. Vielleicht erinnert sich noch jemand daran, wie diese Blumen heißen.

Dauer: 10 Minuten

Material: Blumenbilder in verschiedenen Farben

MONATSTHEMA MÄRZ:
Landwirtschaft

*Im März beginnt in der Landwirtschaft wieder die arbeits-
intensive Zeit. Da viele der alten Menschen aus der Landwirtschaft kommen oder beispielsweise im Pflichtjahr dort
gearbeitet haben, bin ich auf die Idee gekommen, die
Landwirtschaft einmal zum Thema zu machen. Die Veränderungen, die in der Arbeit in der Landwirtschaft in den
letzten Jahrzehnten vor sich gegangen sind, sind gigan-
tisch. Die vielen Maschinen, die Größe der Betriebe, die
Anbaumethoden – dazu gibt es sicherlich viel zu erzählen.
Dieses Thema ist wieder einmal eine gute Möglichkeit, jüngere Menschen mit einzuladen, damit generationenüber-
greifend erzählt und gehört werden kann.*

EIGENE ANNÄHERUNG AN DAS THEMA

Kommen Sie selbst aus der Landwirtschaft oder konnten
Sie sich anderweitig einen Einblick verschaffen? Wohnen
Sie selbst ländlich? Wo wohnen die älteren Menschen, mit
denen Sie arbeiten? Kennen viele die Landwirtschaft und
können dazu etwas erzählen? Gibt es einen Landwirt in
Ihrer Nähe, der Sie unterstützen könnte oder dessen Hof
Sie gar besuchen könnten?

ERZÄHLSPIEL

Besorgen Sie sich schöne Bilder mit landwirtschaftlichen Motiven. Ich habe beispielsweise dafür einen alten Kalender mit Traktoren im letzten Moment vor dem Papierkorb bewahrt, die Bilder ausgeschnitten und auf deren Rückseiten Fragen rund um die Landwirtschaft geschrieben. In der Erprobung erwies sich dieses Erzählspiel als so anregend, dass die Teilnehmenden gar nicht mehr aufhören mochten und alle anderen von mir noch vorbereiteten Ideen in meiner Tasche bleiben mussten.

Hier die Liste der möglichen Fragen:

- *Welche Arbeiten in der Landwirtschaft mussten Sie früher ausführen?*
- *Welche landwirtschaftlichen Fahrzeuge sind Sie gefahren?*
- *Welche Tiere hatten Sie zu versorgen?*
- *Wie sah ein Tagesablauf in der Landwirtschaft früher aus?*
- *Welche Arbeit in der Landwirtschaft mochten Sie nicht so gerne?*
- *Wie war das mit den Mahlzeiten in der Landwirtschaft?*
- *Welche Früchte und Getreidesorten wurden angebaut?*
- *Welches war die arbeitsintensivste Zeit?*
- *Wie war die Rollenverteilung für Männer und Frauen in der Landwirtschaft?*

- *Welche Arbeiten mussten schon die Kinder übernehmen?*

- *Was wurde vorrangig gekocht?*

- *Erzählen Sie von der Vesper auf dem Feld!*

- *Erzählen Sie von besonderen Festen und Bräuchen in der Landwirtschaft!*

- *Welche Sprache oder welcher Dialekt wurde in der Landwirtschaft gesprochen?*

- *Wie war das Verhältnis zwischen den Bauersleuten und den Angestellten oder den Knechten und Mägden?*

- *Gab es auch Begegnungen mit Fremdarbeitern? Erzählen Sie davon!*

Dauer: 45 Minuten

Material: das erstelle Spiel oder auch nur die Fragen. Alternativ finden Sie geeignete Bilder in den Geschäftsstellen der Raiffeisengenossenschaften oder auf den Kalendern, die dort zum Jahreswechsel verschenkt werden.

GESPRÄCH MIT EINEM LANDWIRT

Regen Sie zum Abschluss dieser Erzählrunde dazu an, Landwirtschaft früher und heute miteinander zu vergleichen. Vielleicht können Sie einen Landwirt in die Runde einladen, mit dem Sie ins Gespräch kommen können.

Dauer: 30 Minuten
Material: keines

ABC

Lassen Sie zu jedem Buchstaben des Alphabets einen Begriff aus der Landwirtschaft finden und benennen. Sie können die gefundenen Begriffe einfach benennen lassen oder Sie drucken die ABC-Liste aus und fordern zum schriftlichen Zusammentragen auf. So könnte die Liste aussehen:

* *Ackerland*
* *Biobauer*
* *Chemischer Dünger*
* *Deutz*

* *Egge*
* *Färse*
* *Gerste*
* *Hafer*

Dauer: 10 Minuten
Material: ggf. ABC-Schablone (siehe CD -> Vorlagen -> ABC-Schablone)

QUODLIBET

Ein Quodlibet hat man dann, wenn man mehrere Lieder gleichzeitig singen kann. Das geht mit diesen Liedern:

- *Im Märzen der Bauer (allerdings nur die ersten beiden Zeilen bis »… die Rösslein anspannt«)*

- *Heut kommt der Hans zu mir, freut sich die Lies*

- *Es tönen die Lieder, der Frühling kehrt wieder*

Versuchen Sie es ruhig mehrere Male, wenn es anfangs nicht gleich klappt.

Dauer: 10 Minuten

Material: keines, denn die Liedtexte sind sicherlich bekannt

GESPRÄCHSIMPULS

SPRICHWÖRTER UND REDENSARTEN ZUM THEMA: ZITATE ÜBER BAUERN

- *Wo Treue Wurzeln schlägt, macht Gott einen Bauern daraus.*

- *Wo der Bauer arm ist, ist das ganze Land arm.*

- *Hat der Bauer Geld, so hat's die ganze Welt.*

- *Das beste Wappen in der Welt ist der Pflug im Ackerfeld.*

- *Sind auch schwarz des Bauern Hände, Weißbrot isst er bis ans Ende.*

- Wenn die Felder keine Frucht tragen, ernten auch die Heiligen nicht.

- Wer einen Bauern betrügen will, muss einen Bauern mitbringen.

- Bauer bleibt Bauer, selbst wenn er auf seidenem Kissen schläft.

- Ein Bauer kommt so bald in den Himmel als ein Edelmann.

- Besser ein reicher Bauer denn ein armer Edelmann.

- Besser ein gesunder Bauer denn ein kranker Kaiser.

- Den Bauern ist gut pfeifen.

- Wer kein Edelmann ist, gilt als ein Bauer.

- Selbst gesponnen, selbst gemacht, rein dabei, ist Bauerntracht.

- Lass dem Bauern die Kirmes, so bleibst du ungeschlagen.

- Der Bauer muss dienen, wie er bespannt ist.

- Der Bauer glaubt nur seinem Vater.

- Er fährt hinein wie der Bauer in die Stiefel.

- Je näher dem Kloster, je ärmer der Bauer.

- An Lichtmess fängt der Bauersmann neu mit des Jahres Arbeit an.

- Wer sich Bauer nennt, greife zur Hacke.

- Ein Bauer ohne Land ist wie ein Literat ohne Bücher.

- Ein Bauer ohne Büffel ist wie ein Kaufmann ohne Kapital.

- *Der Bauer hofft auf Regen, der Wanderer auf klaren Himmel.*

Lassen Sie die Teilnehmenden ein Sprichwort wählen und laden Sie dazu ein, über den Inhalt in einen Austausch zu treten. Sicherlich finden die Teilnehmenden auch selbst weitere Sprichwörter und Redensarten.

Dauer: 20 Minuten

Material: die ausgedruckten Sprüche, Klebeband zum Anheften

Diese Internetseite hat mir bei der Suche geholfen und bietet noch mehr: http://www.gutzitiert.de/zitat_autor_sprichwort_thema_bauer_2334.html

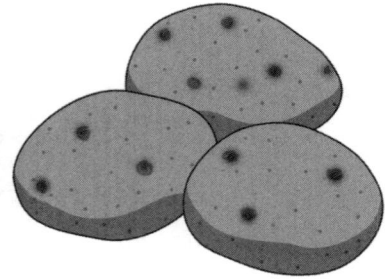

DIESER SPRUCH DARF NATÜRLICH NICHT FEHLEN:

- *Die Voluminösität des Erdapfels ist umgekehrt proportional zum Intelligenzquotienten des Agrartechnikers.*
- *Der dümmste Bauer hat die dicksten Kartoffeln.*

Schreiben Sie den Spruch in die Malvorlage und kopieren Sie das so entstandene Bild für alle als Mitgebsel.

Auf dieser Internetseite http://www.malvorlagen.ws/ finden Sie ein lustiges Bild einer Kartoffel.

Dauer: wenige Minuten zum Verteilen, aber Vorbereitungszeit

Material: die ausgedruckten Kartoffeln mit dem Spruch als Mitgebsel

WAS WÄRE DER BAUERNHOF OHNE TIERE?

Viele Tiere leihen uns auch ihre Namen, wenn wir etwas ganz anderes ausdrücken möchten. Lassen Sie die Teilnehmenden solche Begriffe benennen, die aus einem Tiernamen mit Zusatz bestehen. So könnte die Liste aussehen:

* *Zebrastreifen*
* *Hundeelend*
* *Katzenjammer*
* *Fuchsschwanz*
* *Sei kein Frosch*
* *Spatzenhirn*
* *Saukalt*
* *Bärenstark*
* *Kuhfuß*
* *Ziegenpeter*
* *Kälberzähne*
* *Lackaffe*

* *Wieselflink*
* *Bärenhunger*
* *Bienenfleißig*
* *Frechdachs*
* *Drahtesel*
* *Stummfisch*
* *Neidhammel*
* *Trampeltier*
* *Naschkatze*
* *Krokodilstränen*
* *Unschuldslamm*
* *Schmetterlinge im Bauch*

Statt des Sammelns kann man auch nur die Tiernamen benennen und die Teilnehmenden auffordern, die Ergänzungen zu finden.

Diese Internetseite hat mir beim Sammeln geholfen und bietet noch mehr:
http://www.wispor.de/w-eig-ti.htm

Dauer: 10 Minuten

Material: die hier aufgeführte Liste

MALLORCA

Für mich gehören Tiere unbedingt zur Landwirtschaft. Da gibt es die Kühe, die gemolken werden müssen, Schweine, die gefüttert werden, Schafe, die auf die Weide kommen, Ziegen, den Hofhund, ein paar Katzen und Kaninchen. Früher wurden schon die Kinder in die Versorgung der Tiere eingebunden. Oft gehörte die Aufzucht der Kälber zu ihren Aufgaben. Und manchmal durften sie sogar die Namen für die Tiere aussuchen. Der Umgang mit den Tieren war zwar liebevoll, aber nicht so sentimental, wie wir das heute mit unseren Haustieren erleben. Dass der Hofhund mit im Wohnzimmer und dort gar auf dem Sofa sitzen durfte, das kannte man früher nicht. Die Katzen sollten Mäuse fangen und nicht auf den Wolldecken liegen. Und Kaninchen wurden gehalten, damit man einen schönen Weihnachtsbraten hatte und ein warmes Fell als Bettvorleger.

Heute bekommen die Kinder oft ein Tier, damit sie lernen, Verantwortung zu übernehmen und zuverlässig für ein Lebewesen zu sorgen. Das ist jedenfalls der erzieherische Anspruch der Eltern, wenn sie ein Haustier anschaffen. Das führt manchmal zu Konflikten, aber hören Sie selbst: Unsere Nachbarn zur Linken haben einen Sohn: Jonas. Er ist fünf. Und weil sein Vater das als kleiner Junge auch so erlebt hatte, sollte Jonas zwei Kaninchen bekommen, für die er stets frisches Wasser bereithalten, Löwenzahn suchen und Möhren aus der Küche stibitzen und einmal pro Woche den Stall ausmisten muss. Als Behausung für die beiden Kaninchen wurde ein großer, gelber Stall gebaut, der die Nachbarschaft enorm erfreute. Saskia sieht ihn, wenn sie aus der Küche schaut, sogar dann, wenn sie ihn gar nicht sehen will. Und ich wache nachts auf, wenn die beiden durch fröhliches Getrampel in ihren Gemächern den Morgen begrüßen.

Jonas' Begeisterung für die Kaninchen ist mäßig, aber er gibt ihnen wenigstens Namen. Flecki und Hoppel heißen sie. Es sollen zwei Mädchen sein, aber da ist man sich nicht ganz so sicher. Deshalb bekommen sie zwei getrennte Zimmer in dem Kaninchenstall, um nicht eine explosionsartige Vermehrung der Population zu riskieren.

Jonas' Vater nennt bei sich die Kaninchen Weihnachten und Neujahr, hat dabei aber ganz andere Hintergründe, als sein Sohn ahnen kann. Auch wenn Jonas Flecki und Hoppel nicht wirklich in sein Herz geschlossen hat und die Stallarbeit eher von seinen Eltern übernommen wird, dass seine beiden Kaninchen geschlachtet werden sollen und er sie essen soll, das geht gar nicht. Allein als Hoppel ihn einmal beim Hinhalten der Möhre in den Finger beißt, überlegt er kurz. Aber nein, er will lieber Vegetarier bleiben und Bratwurst oder Ente essen.

Weil aber sein Vater bei seinem festtäglichen Vorhaben bleibt, entwickelt er die Idee, Flecki und Hoppel sollen Ende November in Urlaub fahren, und zwar nach Mallorca. Dort überwintern sie, denn in der Wärme gefällt es ihnen viel besser. Jonas ist einverstanden, denn das kennt er von den Großeltern, die das auch manchmal machen. Die kommen auch jedes Jahr wieder, sind gut gelaunt und erholt, das gönnt er auch den Kaninchen. Außerdem braucht er sich dann in der Zwischenzeit nicht um sie zu kümmern. Also verschwinden Flecki und Hoppel im November, der

Stall bleibt leer. Was dann mit ihnen geschieht, wollen wir gar nicht so genau wissen. Zu Weihnachten ist die Familie bei den Großeltern zum Mittagessen eingeladen. Es gibt Kaninchenbraten, und dummerweise schaut Jonas in der Küche vorbei, um der Großmutter beim Kochen zuzuschauen. »Oma, was ist das denn für Fleisch?«, fragt er. Die Oma bekommt Schweißausbrüche, was nicht an der heißen Herdplatte liegt. Woher nun so schnell eine Erklärung finden? »Äh«, sagt sie dann ziemlich lange, »weißt du, Jonas, das sind Langohrenten!« Etwas Besseres ist ihr auf die Schnelle nicht eingefallen. Und diese Langohrenten will Jonas nun mal in echt sehen.

Nun haben die Eltern allerdings zwei Probleme: eine Langohrente aufzutreiben und bis zum Frühjahr zwei Kaninchen zu finden, die Flecki und Hoppel wenigstens ein bisschen ähnlich sehen. Aber der Papa hat einen großen Freundeskreis, da wird sich schon eine Lösung finden. Und dafür, dass die beiden neuen Flecki und Hoppel um so vieles kleiner sind, wird sich auch schon eine Erklärung finden. Vielleicht sind sie in der Hitze ja geschrumpft. Und die Langohrente ist zur Not ausgewandert. Basta.

Dauer: Vorlesezeit ca. 7 Minuten, planen Sie aber Zeit für die Erinnerung an eigene Erlebnisse mit Tieren ein

Material: die Geschichte

MONATSTHEMA APRIL:
Sprache und Schrift

In vielen Gegenden unseres Landes gibt es Dialekte und eigene Sprachen. Deren Nutzung und die Erinnerung an sie eröffnen viele Gesprächsmöglichkeiten mit älteren Menschen, weil sie in ihren Kreisen noch häufig benutzt werden. Deshalb halte ich es für lohnenswert, diesem Thema einmal eine Einheit in der Seniorenarbeit zu widmen. Ergänzt wird die Einheit durch einige Impulse rund um die Sprache, Schönschrift, Deutsche Schrift. Außerdem war es in der Kindheit der jetzt alten Menschen üblich, dass man nach Ostern in die Schule kam, das Lernen von Schreiben und Lesen also in dieser Zeit begann. Die Umstellung auf die Einschulung nach den Sommerferien erfolgte erst 1966 / 67.

EIGENE ANNÄHERUNG AN DAS THEMA

Welche Sprachen sprechen Sie selbst und welche Dialekte kennen Sie? Welche Schriften kennen Sie und könnten davon eine Kostprobe zum Besten geben? Welche Erinnerungen haben Sie an Ihre eigene Einschulung? Überlegen Sie, ob Sie jemanden kennen, den Sie zu diesem Thema in Ihre Runde einladen könnten. Finden Sie Literatur oder Hörbeispiele für Dialekte und Sprachen und können Sie daraus vorlesen? Kennen Sie jemanden mit einem kalligrafischen Talent, den Sie um Unterstützung bitten könnten?

KREATIVES

ARBEIT AN EINEM KLEINEN WÖRTERBUCH

In vielen Pflegeeinrichtungen wird darüber nachgedacht, die pflegebedürftigen alten Menschen, die sich so besser ansprechen lassen, immer mal wieder auf Plattdeutsch (oder in einer anderen ihnen geläufigen Sprache) anzureden.

Ich schlage Ihnen vor, die Senioren in Ihrer Runde könnten eine Art kleines Wörterbuch erstellen, in dem die gängigsten Redewendungen in dem jeweiligen Dialekt oder der Sprache aufgeführt werden, die sich gut eignen, mit den alten Menschen auf diese Weise in Kontakt zu treten.

Hier einige Redewendungen, die vorkommen sollten und zu denen ich Ihnen die Antworten in Plattdeutsch schon einmal aufgeschrieben habe:

Hochdeutsch	Plattdeutsch
Haben Sie gut geschlafen?	Hebbt Se god schlopen?
Wie wäre es mit einer schönen Tasse Kaffee?	Wo weer dat mit een moie Tass Koffi?
Das Essen ist fertig!	Äten is klor!
Draußen scheint schon die Sonne.	Buten schient all de Sünn!
Heute regnet es heftig!	Vondogen regent dat duchtig!
Wie geht es Ihnen heute?	Wo geiht Se dat vondogen?
Kann ich etwas für Sie tun?	Kann ik wat doon?
Was möchten Sie denn gerne essen?	Wat mochen Se denn mol gern äten?

Überlegen Sie mit der Gruppe, welche weiteren Redewendungen wünschenswert wären. In der Übersetzung zumindest ins Plattdeutsche oder einen anderen Dialekt oder eine andere Sprache kommt es nicht so sehr auf die Rechtschreibung an, weil es ohnehin meist keine verbindliche Vereinbarung dazu gibt. Vielmehr ist es gut, wenn auch in der Sprache ungeübte Menschen die Worte gut lesen und aussprechen können. Nutzen Sie also eher eine Art Lautschrift.

Wenn in ländlichen Gegenden alte Menschen in einem Altenpflegeheim leben, sind sie besonders bei demenzieller Veränderung über die plattdeutsche Sprache bzw. über den Dialekt der jeweiligen Gegend gut erreichbar. Vielleicht stellen Sie das Ergebnis den Pflegekräften zur Verfügung. In den meisten Dialekten ist es eher unüblich, die Menschen zu siezen. Wer sein Leben lang von Freunden und Bekannten geduzt und mit dem Vornamen angesprochen wurde, wird im Alter darauf mit mehr Offenheit reagieren. Um nicht zu einem respektlosen Du überzugehen, sollte das Pflegeteam gut überlegen, wie damit umgegangen wird.

Dauer: 30 Minuten

Material: Papier und Stifte, ggf. Möglichkeiten zur Vervielfältigung

SCHÖNSCHRIFT

Als unsere alten Menschen in die Schule gingen, gab es noch die Schönschrift, auf die viel Wert gelegt wurde. Dazu gab es extra Hefte mit besonderen Linien.

Besorgen Sie sich entsprechend liniertes Papier und teilen Sie es aus. Wenn Sie auch noch eine Reihe von schönen Sprüchen bereithalten, können Sie die Aufgabe stellen, man möge einen Spruch auswählen, diesen in Schönschrift abschreiben und ihn vielleicht noch mit einem hübschen Rand versehen. Am Ende stellen die Teilnehmenden einander die Ergebnisse vor. Wenn Sie nicht lange suchen wollen, könnten Sie doch die Sprüche für Poesiealben aus der Einheit zum Thema »Glück« verwenden.
Sicherlich kommt die Gruppe über das Fach »Schönschrift« miteinander ins Gespräch, sind doch damit viele Erinnerungen verbunden, beispielsweise dahingehend, dass man alles noch einmal schreiben musste, wenn ein Buchstabe verunglückt war.

Diese Internetseite bietet dafür eine Vorlage: www.jofoh.de

Dauer: 20 Minuten

Material: Papier und Stifte, eine Sprüchesammlung

DEUTSCHE SCHRIFT

Als unsere jetzt alten Menschen zur Schule gingen, wurde vielfach noch die alte deutsche Schrift benutzt. Dann war sie eine Zeit lang verboten, um dann bis Mitte der 60er-Jahre noch einmal einen Aufschwung zu nehmen. Heute ist sie fast nur noch etwas für Archivare, Familienforscher und Historiker.

Ich bin sicher, es macht den alten Menschen Freude, noch einmal wieder an die Schrift erinnert zu werden. Stellen Sie die Aufgabe, man möge seine Adresse in der alten Schrift aufschreiben. Vielleicht finden Sie auch noch einen Text, den Sie zum Vorlesen austeilen könnten.

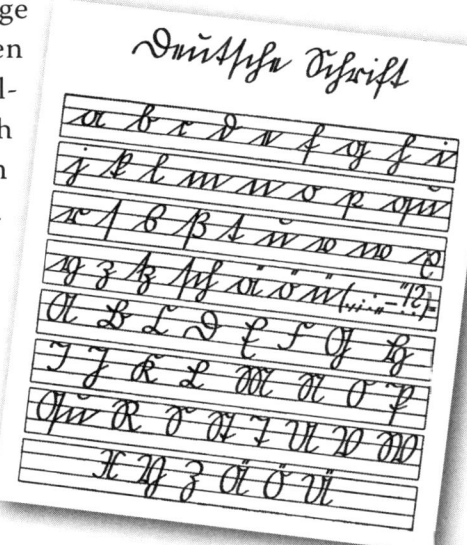

Auf dieser Internetseite finden Sie die Buchstaben aufgeführt, falls Sie selbst oder die Teilnehmenden Erinnerungshilfen brauchen: http://reh.math.uni-duesseldorf.de/~koehler/DeutscheSchrift.gif.

Diese Internetseite bietet schöne Ansichten von alten Schriften und ermöglicht Ihnen auch, diese Schrifttype kostenlos auf Ihrem PC zu installieren.

Dauer: 15 Minuten, mit Gespräch länger

Material: ausgedruckte Seite mit den Buchstaben, Papier und Stifte

EIN WORT IN VIELEN SPRACHEN

Oft gelingt es noch nicht so gut, die älteren Menschen in unsere Seniorenarbeit einzuladen, die in einer anderen Muttersprache groß geworden sind. Immer mehr der ehemaligen Gastarbeiter oder andere Menschen mit Migrationshintergrund, die bei uns leben, sind auch alt geworden und wären doch sicherlich eine Bereicherung für unsere Seniorenarbeit.

Lassen Sie daher in möglichst vielen Sprachen zusammentragen, was »HERZLICH WILLKOMMEN« heißt. Gestalten Sie damit einen Flyer und legen Sie ihn so aus, dass ihn möglichst viele Menschen sehen und sich dadurch in den Seniorenkreis eingeladen fühlen.

Überlegen Sie miteinander, wo die Einladungsflyer gut ausgelegt werden könnten, damit sie auch Wirkung zeigen.

Wenn Sie diese Idee intensiver verfolgen wollen, könnten Sie einen Seniorennachmittag so gestalten, dass aus allen Nationen, die in Ihrem Ort oder in Ihrer Stadt wohnen, Menschen gezielt eingeladen werden, die von ihrer Herkunft und ihrem Weg hierher erzählen.

Die Stadt München hat einen schönen Flyer erstellt, aus dem Sie einige Sprachen abschreiben können. Sie finden ihn auf dieser Internet-Seite: http://www.muenchen.info/soz/pub/pdf/288_herzlich_willkommen.pdf.

Noch viel mehr Sprachen, allerdings nur für das Wort »Willkommen«, bietet diese Seite: http://www.liebeundso.de/willkommen-in-allen-sprachen.html

Dauer: 20 Minuten

Material: Papier und Stifte, Vervielfältigungsmöglichkeiten für den Flyer

EINSCHULUNG

Laden Sie die Teilnehmenden dazu ein, von der eigenen Einschulung zu erzählen. Auch die Frage nach dem Verlauf der ersten Schultage, dem Klassenlehrer, den Mitschülerinnen und Mitschülern lohnt sich sicherlich. Wenn das Gespräch auch auf die Umstellung der Einschulungszeit von Ostern auf die Zeit nach den Sommerferien kommt, ist das Stichwort »Kurzschuljahr« wichtig. Das bedeutete, dass die Kinder in dem Schuljahr der Umstellung nur wenige Monate in der jeweiligen Klasse waren und dann schon wieder versetzt wurden. Fragen Sie auch nach Strafen, die es damals in der Schule gab.

Dauer: 20 Minuten

Material: keines

GESCHICHTE: IN DER SCHULE

Als kleines Mädchen wollte ich gerne in die Schule gehen, aber ich konnte mir nicht vorstellen, dass meine Mutter nicht dabei sein würde. Weil ich als Einzelkind aufgewachsen bin, war ich wohl sehr auf meine Eltern fixiert. Es gab viele Tränen, als mir deutlich wurde, dass ich alleine würde in die Schule gehen müssen. Immer langsamer wurden die Schritte, wenn ich am Morgen aufbrechen musste. Meine Gefühlslage pendelte hin und her zwischen »Ich will lernen« und »Ich will bei Mama bleiben«. Zum Glück bekam ich einen sehr netten Lehrer, der mich tröstete und mir Mut machte, alleine in der Schule zu bleiben. Es war noch eine Schule, in der alle Klassen gemeinsam unterrichtet wurden. So konnte man immer schon mal zu den Großen schauen und zuhören, was sie gerade lernten.

Der Kontakt zu den anderen Kindern in meiner Klasse veränderte mein Weltbild ganz enorm. Da waren Kinder, die nur Plattdeutsch sprechen konnten und die deshalb den Lehrer gar nicht verstanden. Sie mussten also schon in der 1. Klasse eine Fremdsprache lernen: Hochdeutsch. Und auch das Familienleben anderer Kinder überraschte mich sehr. Bei uns zu Hause gab es nur Mama, Papa und mich. Wenn wir ein ganzes Graubrot und eine ganze Mettwurst kauften, aßen wir zehn Tage daran. Bei Wilma, einer Mitschülerin, war das ganz anders. Sie hatte sage und schreibe zehn Geschwister. Da reichte unsere Portion bei ihnen gerade mal für ein Abendessen. So viele Menschen, wie bei ihr am Tisch saßen, waren bei uns noch nicht einmal versammelt, wenn die gesamte Verwandtschaft anrückte.

Wir hatten den ganzen Schultag über denselben Lehrer, nur wenn Handarbeiten für die Mädchen und Werken für die Jungs auf dem Stundenplan standen, kam die Frau des Lehrers zu uns. Wir lernten stricken und häkeln, Knöpfe annähen und Socken stopfen. Die Jungs fertigten schöne Bilder als Laubsägearbeiten. Da wäre ich manchmal auch gerne ein Junge gewesen, aber das waren damals ja noch ganz fremde Gedanken.

Langsam gewöhnte ich mich nicht nur an die Schule, ich fand es inzwischen sogar ganz schön dort. Einen kleinen Rückschlag gab es noch einmal, als ein Schulzahnarzt kam, um uns Kinder zu untersuchen. Der Zahnarzt an sich war für mich schon ein rotes Tuch und führte zu einer Panikattacke. In Kombination mit Schule ging das also gar nicht. Egal – ich habe es überstanden. Eine unserer plattdeutschen Mitschülerinnen konnte beim Schreiben, Lesen und Rechnen nicht so richtig punkten. Weil sie aber auch einmal etwas Besonderes machen wollte, hatte sie die Idee, drei Kätzchen aus dem letzten Wurf der Hofkatze in ihrem Tornister mit in die Schule zu bringen. Spätestens in der zweiten Stunde fingen die kleinen Katzen in ihrem dunklen Versteck allerdings an zu rumoren. Sie miauten kläglich, was in der Klasse zu einiger Verwunderung führte. Anita, so hieß die Mitschülerin, musste die Katzen dann nach Hause bringen. Auf jeden Fall hatte es geklappt, dass sie mit ihrer Aktion einmal im Mittelpunkt gestanden hatte. Ich wünschte, ich könnte jetzt bei Ihnen Mäuschen spielen, wenn Sie sich über Ihre Erinnerungen an die erste Zeit in der Schule austauschen.

Dauer: nur das Vorlesen ca. 4 Minuten, mit Gespräch sicherlich erheblich länger

Material: die Geschichte

MONATSTHEMA MAI:
Frühlingsduft liegt in der Luft

Der Geruchssinn lässt im Alter zwar etwas nach, dennoch ist es ein schönes Thema in der Seniorenarbeit, einmal über Düfte zu sprechen und dazu verschiedene Methoden auszuprobieren. Viele unserer Erinnerungen sind an Düfte gebunden. Denken Sie an den Geruch von frischem Heu oder an Maiglöckchen, an die Adventsbäckerei oder das Bohnerwachs aus der Schule.

EIGENE ANNÄHERUNG AN DAS THEMA

Welche Düfte mögen Sie gerne? Was können Sie eher nicht riechen? Haben Sie gute Kontakte zu einem Apotheker, der Sie mit einigen Duftbeispielen unterstützen könnte? Oder kennen Sie eine Kosmetikerin oder jemanden aus einer Parfümerie, der Ihnen helfen oder vielleicht sogar den Nachmittag mit Ihnen zusammen gestalten könnte?

Diese Internetseite informiert umfassend über den Geruchssinn. http://de.wikipedia.org/wiki/Olfaktorische_Wahrnehmung

FANTASIE- & DUFTREISE

Mit vielen Begriffen verbinden wir gleich die dazugehörenden Gerüche. Bei Weihnachten denken wir an Zimt und Nelken, bei der Erinnerung an Bohnerwachs haben wir gleich den typischen Geruch dieses Putzmittels im Kopf. Dieses Phänomen mache ich mir zunutze, wenn ich die Senioren zu einer Duft-Fantasiereise einlade und dazu anrege, über verschiedene Düfte und die damit verbundenen Erinnerungen ins Gespräch zu kommen. Wichtig ist, dass Sie den Text ganz langsam lesen und zwischen den einzelnen Sätzen Pausen machen, damit das Gedächtnis entsprechend aktiviert werden kann.

Elfriede will endlich einmal aufräumen. So vieles hat sich im Hauswirtschaftsraum angesammelt. Da hängt der nasse Feudel, den Elfriede gleich nach draußen bringt. Er riecht schon ein wenig muffig. Draußen hingegen weht ein frischer Wind, der den Duft der Edelrosen mitbringt, an dem sich alle Bewohner des Hauses erfreuen.
In der Ecke des Hauswirtschaftsraumes stehen noch immer die kleinen Behälter mit den Gewürzen von der Weihnachtsbäckerei. Der Duft des Zimts passt nun überhaupt nicht in die Jahreszeit, aber er ist ganz intensiv da, als Elfriede den Deckel abschraubt.
Und da unten im Schrank findet sie tatsächlich noch eine alte Tube mit Bohnerwachs. Die braucht sie nun wirklich nicht mehr, aber die Erinnerung an den alten Parkettboden ist gleich wieder da. Wie hat man da geschuftet, wenn der eingewachst und dann wieder poliert werden musste!
Und da haben die Kinder die Spielsachen liegen lassen, die sie immer mit an den Strand genommen haben. Gleich hat Elfriede den Duft der frischen Meeresbrise in der Nase. Ja, so ein Tag am Meer täte ihr auch mal wieder gut. Aber was ist das für ein Geruch? Da hat wohl ein Bauer seine Felder gedüngt. Da schließt Elfriede gleich mal schnell alle Fenster

und zieht sich ins Haus zurück. Sie brüht sich einen köstlichen Kaffee auf und macht nun erst einmal eine Pause.

Dauer: 5 Minuten

Material: Text

RATESPIEL

RIECHTEST

Besorgen Sie etwa zehn gleich aussehende, nicht durchsichtige Behälter, die Sie mit leicht riechbaren Dingen füllen. Die Behälter sind nummeriert. Die Teilnehmenden haben eine Liste mit eben diesen Nummern und können in die Liste eintragen, was sich nach ihrer Meinung in den Behältern befindet. Die Behälter sind mit einem dünnen Tuch abgedeckt, das keinen Eigengeruch haben darf. Diese Dinge eignen sich gut zum »Erriechen«:

- *Kaffeebohnen*
- *Zwiebeln*
- *Rosenblätter*
- *Zimt*
- *Seife*
- *Klebstoff*
- *Zahnpasta*
- *Tee*
- *Minze*
- *Maiglöckchen*

Wählen Sie stark riechende Dinge, denn der Geruchssinn lässt im Alter eher etwas nach. Und nehmen Sie nicht zu viele Gerüche durcheinander, dann kann man irgendwann gar nichts mehr riechen.

Dauer: 10 Minuten

Material: die befüllten Becher und eine Abdeckung, ggf. eine Liste mit den Nummern zum Eintragen des Ergebnisses

DUFTENDE SALBE HERSTELLEN

Besorgen Sie sich aus der Apotheke Salbengrundlage, die völlig geruchsneutral sein soll. Wählen Sie dann ein gut riechendes Öl, das möglichst aus natürlichen Essenzen bestehen soll. Ebenfalls in der Apotheke gibt es kleine Behälter, in die die fertige Duftsalbe gefüllt werden kann.
Die Salbengrundlage wird in eine größere Schüssel gegeben. Vorsichtig und langsam träufelt man das duftende Öl dazu und vermischt alles miteinander. Wenn es gut durchgerührt ist, kann sich jede und jeder in das kleine Behältnis davon etwas abfüllen. Nehmen Sie nicht zu viel von dem Duftöl! In der Apotheke berät man Sie sicherlich gerne, welchen Duft Sie wählen sollten. Denken Sie sich zusammen mit den älteren Menschen einen schönen Namen für die so entstandene Salbe aus und kleben Sie noch kleine Etiketten mit dem Namen auf die Behälter.

Dauer: 15 Minuten

Material: Salbengrundlage, Duftessenz, Rührschüssel, Rührlöffel, kleine Gefäße zum Abfüllen, Etiketten zum Beschriften

SPRICHWÖRTER UND REDENSARTEN ZUM THEMA

Lassen Sie die Teilnehmenden möglichst viele Sprichwörter und Redensarten zum Thema zusammentragen. So könnte die Liste aussehen:

- *Das ist anrüchig*
- *Das riecht man drei Meilen gegen den Wind*
- *Den Braten riechen*
- *Der Nase nach gehen*
- *Die Nase rümpfen*
- *Die Nase gestrichen voll haben*
- *Die Nase vorn haben*
- *Eine Nasenlänge voraus sein*
- *Es stinkt zum Himmel*
- *Hochnäsig sein*
- *Ich kann dich nicht riechen*
- *In fremden Angelegenheiten schnüffeln*
- *Jemanden an der Nase herumführen*
- *Jemandem etwas auf die Nase binden*
- *Jemanden gut riechen können*
- *Mir stinkt's*
- *Sich beschnuppern*

- *Sich an die eigene Nase fassen*
- *Sich eine goldene Nase verdienen*
- *Steck deine Nase nicht in Dinge, von denen du nichts verstehst*

Zum Schluss bietet es sich noch an, über die Sprüche zu sprechen.

Schöne Sprüche im Zusammenhang mit dem Riechen finden Sie auf dieser Internetseite: http://duftoase.net/sites/poesie.htm

Dauer: 15 Minuten

Material: ggf. ein Flipchart zum Aufschreiben der bereits genannten Sprüche

SAMMELAUFGABE

SYNONYME FINDEN

Es gibt erstaunlich viele Begriffe, die man für das Wort »riechen« noch sagen kann. Lassen Sie solche Synonyme zusammentragen. So könnte die Liste aussehen:

- *duften*
- *schnuppern*
- *schnüffeln*
- *stinken*
- *wittern*
- *muffeln oder müffeln*

Dauer: 5 Minuten

Material: ggf. ein Flipchart zum Notieren der bereits genannten Synonyme

ZEHN FRAGEN ZUM RIECHEN UND ZUR NASE

Verteilen Sie den folgenden Zettel mit den zehn Fragen rund um das Thema Riechen und Nase. Loben Sie eine kleine Flasche »4711« als Preis aus und denken Sie auch an einen möglichen Preis für einen Herrn, der gewinnen könnte, vielleicht eine Probe Rasierwasser.

1. *Wie viele verschiedene Gerüche kann ein Mensch wahrnehmen?*

2. *Was ist eine Anosmie?*

3. *Warum schmeckt man bei einem Schnupfen kaum etwas vom Essen?*

4. *Wer schrieb den Roman »Das Parfüm«?*

5. *Welche Hunde werden unter anderem zur Rettung Verschütteter eingesetzt?*

6. *Warum setzen einige Tiere Duftmarken?*

7. *Warum senden Blumen Duftstoffe aus?*

8. *Wie heißen die fünf Sinne des Menschen?*

9. *Womit wird die Wahrnehmung der Sinne aufgenommen?*

10. *Was bedeutet es, wenn man sagt, jemand habe den sechsten Sinn?*

Hier die Antworten für Sie:

1. *Über 10.000*

2. *Störung oder kompletter Ausfall des Geruchssinns*

3. *Weil der differenzierte Geschmack über die Nase geht*

4. *Patrick Süskind*

5. *Bernhardiner*

6. *Um ihr Revier abzugrenzen*

7. *Um Insekten anzulocken*

8. *Sehen, hören, riechen, schmecken, tasten*

9. *Augen, Ohren, Nase, Zunge, Haut*

10. *Wenn jemand etwas wahrnimmt, obwohl man es mit den fünf Sinnen gar nicht kann.*

Dauer: 10 Minuten

Material: den ausgedruckten Bogen mit den Fragen, ggf. ein kleiner Preis für den Sieger oder die Siegerin

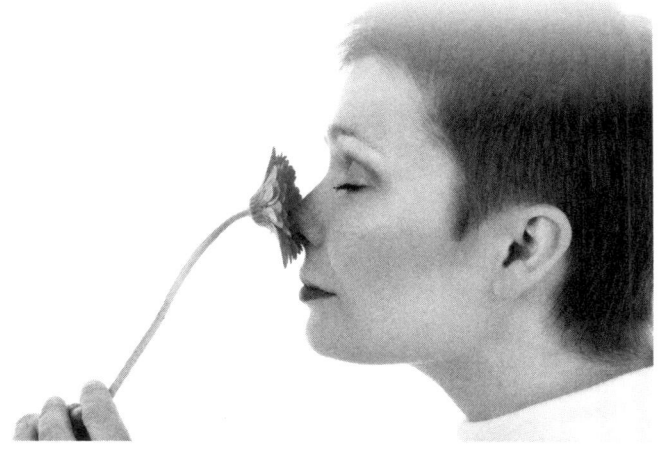

MONATSTHEMA JUNI:
Wege, Straßen und Plätze –
Alle Wege führen nach ...

Rom – ist ja klar. Wege, Straßen und Plätze – so lautet das Thema für diesen Monat. Dabei meine ich Wege, Straßen und Plätze sowohl im realen als auch im übertragenen Sinne, also sowohl konkrete Straßen und Plätze, die bekannt sind, als auch die Frage nach besonderen Lebenswegen und Plätzen, auf denen man sich zu Hause fühlt.

EIGENE ANNÄHERUNG AN DAS THEMA

Welche besonderen Plätze kennen und mögen Sie? Haben Sie in Ihrem Ort selbst einen Lieblingsplatz oder einen schönen Spazierweg, von dem Sie erzählen könnten? Von welchen Plätzen können Sie Bilder besorgen und der Runde zeigen? Vielleicht finden Sie in der örtlichen Touristeninformation Hilfen oder können jemanden einladen, der von schönen Wegen oder Plätzen in der näheren Umgebung erzählen kann. Auch ein örtlicher Wanderklub kann Ihnen vielleicht helfen und schöne Beiträge liefern.

SAMMELAUFGABE

SYNONYME

Finden Sie möglichst viele Synonyme für die Worte Weg und Straße.

- *Damm*
- *Allee*
- *Promenade*
- *Ring*
- *Passage*
- *Gasse*
- *Pfad*
- *Padd (plattdeutsch)*
- *Gang*

Dauer: 5 Minuten

Material: ggf. ein Flipchart zum Notieren der genannten Begriffe

RATESPIEL / ZUSAMMENTRAGEN VON WISSEN

BERÜHMTE STRASSEN

- *Welche Straße führt in London zum Buckingham Palast?* (Mall)
- *Die berühmte Straße in Berlin heißt: Unter den ...* (Linden)
- *Wie heißt die berühmte Straße in Hollywood, auf der Stars sich verewigen?* (Walk of Fame)
- *Die Amüsiermeile in Hamburg ist die ...* (Reeperbahn)

- *Die Straße mit den meisten Touristen in Rüdesheim heißt ...* (Drosselgasse)
- *Die Einkaufsstraße in Düsseldorf ist die ...* (Königsallee)
- *die abgekürzt nur so heißt: ...* (Kö)
- *Welche berühmte Straße in New York ist 28 km lang?* (Broadway)
- *Die Adresse des englischen Staatschefs ist weltbekannt:* (Downing Street No 10)
- *Die berühmte Straße in Paris heißt ...* (Champs-Élysées)

Dauer: 5 Minuten

Material: nur die Fragen zu den Straßen

SAMMELAUFGABE / GESPRÄCHSIMPULS

KURIOSE STRASSENNAMEN

Sicher fallen den Teilnehmenden selbst viele kuriose Straßennamen ein, die es nun zusammenzutragen gilt. Besonders lustig sind die Straßennamen oft in Kombination mit den Anwohnern der Straße. Wenn zum Beispiel Herr Müller in der Meiergasse wohnt oder Frau Winter im Sommerweg, dann hat das doch etwas Komisches. Und wie oft wird man wohl seine Adresse genauer erklären müssen, wenn man am Platz der Göttinger Sieben 5 wohnt? Wenn Sie noch weitere Tipps brauchen, schauen Sie auch im Internet nach, achten Sie aber darauf, vorher eine Auswahl zu treffen, da es einige eher unpassende Namen gibt.

Mein Favorit ist Tüünlüüd, ein alter Flurname, der in Schleswig-Holstein zu einem Straßennamen geworden ist.

Diese Internetseite hilft Ihnen weiter: http://www.bild.de/news/leser-reporter/bild-leserreporter/diese-lustigen-strassennamen-gibt-es-wirklich-19675048.bild.html

Dauer: 10 Minuten

Material: ggf. ein Flipchart zum Aufschreiben

KREATIVES / GESPRÄCHSIMPULS

... EIN LAND, DAS ICH DIR ZEIGEN WILL

Das Buch unseres Oldenburger Bischofs mit dem Titel: »Ein Land, das ich dir zeigen will« beschreibt biblische Orte und Straßennamen, die alle einen christlichen Bezug haben. Neben wunderschönen Fotos geben die sehr schönen Texte Erklärungen dazu, wie es möglicherweise zu den Namen gekommen ist.

JAN JANSSEN
»... EIN LAND, DAS ICH DIR ZEIGEN WILL«
Biblische Orte im Oldenburger Land
112 Seiten, gebunden, mit farbigen Landkarten im Vor- und Nachsatz,
16 farbigen Ausschnittskarten und großformatigen Fotografien
16,90 Euro, Format 21,0 x 14,8 cm
ISBN 978-3-7859-1069-4

Tragen Sie mit den Teilnehmenden selbst Orts- oder Straßenbezeichnungen zusammen, die es in Ihrer Nähe gibt, und versuchen Sie diese auch zu erklären. Oft gibt es Bücher aus den jeweiligen Regionen, in denen die vorkommenden Straßennamen erklärt werden. Vielleicht haben Sie jemanden in der Gruppe, der gerne fotografiert. Dann könnte dazu auch ein Büchlein oder ein schönes Plakat entstehen.

Dauer: 15 Minuten

Material: ein Adressbuch und ggf. ein Buch, das die Straßennamen erklärt

SAMMELAUFGABE

ZITATE RUND UM DIE STICHWÖRTER

Lassen Sie die Gruppe Zitate und Sprichwörter finden, in denen es um die drei Begriffe aus dieser Einheit geht.

- *Alle Wege führen nach Rom.*
- *Der Weg ist das Ziel.*
- *Auch aus Steinen, die dir im Weg liegen, kannst du etwas Schönes bauen.*
- *An den Scheidewegen des Lebens stehen keine Wegweiser.*
- *Man kann niemanden überholen, wenn man in seinen Fußspuren geht.*
- *Der große Weg ist sehr einfach, aber die Menschen lieben Umwege.*

Mehr gibt es auf dieser Internetseite: http://zitate.woxikon.de/wege

Dauer: 10 Minuten

Material: ggf. ein Flipchart zum Mitschreiben

BERÜHMTE PLÄTZE

Lassen Sie die Teilnehmenden berühmte Plätze zusammentragen. Sicherlich erzählt jemand auch gerne davon, bei welcher Reise oder in welchem sonstigen Zusammenhang man diese Plätze kennengelernt hat. Diese Nennungen können Sie auf jeden Fall erwarten:

- *Alexanderplatz in Berlin*
- *Roter Platz in Moskau*
- *Petersplatz in Rom*
- *Markusplatz in Venedig*
- *Platz des Himmlischen Friedens in Peking*

Dauer: 5 Minuten, mit Erzählen länger

Material: keines

ERZÄHLAUFGABEN

- *Lassen Sie die Teilnehmenden von ihrem Schulweg erzählen!*
- *Fragen Sie nach einem beliebten Spazierweg!*
- *Fragen Sie nach Zufallsbegegnungen auf Wegen!*
- *Fragen Sie nach einem persönlichen Gang nach Canossa!*

Dauer: pro Frage mindestens 5 Minuten

Material: die Fragen

ADRESSEN

Viele von uns sind mehrmals im Leben umgezogen und wir können uns oft noch sehr genau an die jeweiligen Adressen erinnern. Fragen Sie die Teilnehmenden nach ihren früheren Adressen. Wenn Sie Ihr Angebot in einem Altenpflegeheim anbieten, sollten Sie gut überlegen, ob diese Aufgabe für Ihre Teilnehmenden geeignet ist. Vor allem, wenn der Umzug in die Pflegeeinrichtung noch nicht lange zurückliegt und sich die Menschen noch sehr nach ihrem alten Zuhause sehnen, sollten Sie auf diese Aufgabe verzichten, um nicht in Wunden herumzubohren.

Dauer: 10 Minuten

Material: Papier und Stifte

EINMAL TUNNEL UND ZURÜCK

Manches Strandvergnügen wird dadurch getrübt, dass man es mit so vielen anderen Menschen teilen muss, die oft ganz andere Vorstellungen davon haben, was erholsam ist. Da kam es meinem persönlichen Hirten und mir gerade recht, dass wir in einem, zugegeben etwas alternativen Reiseführer gelesen hatten, dass es an unserem Urlaubsort einen sehr schönen und einsam gelegenen Strandabschnitt geben sollte, den man durch einen stillgelegten Eisenbahntunnel erreichen könne. Ganz euphorisiert von dem Gedanken an einen stillen Strandtag, kauften wir eine Taschenlampe und machten uns auf den Weg, den Tunnel und den Strand zu finden. Wir fragten uns durch und standen bald vor dem Eingang. Der war dunkel, aber wir hatten ja die Lampe. Sie war sehr billig gewesen, dafür leuchtete sie auch in Rot und Blau und wechselte die Farben völlig selbstbestimmt. Anfangs brauchten wir sie noch nicht, denn das Licht schien ja noch vom Eingang her in den Tunnel, aber bald kam die Taschenlampe doch zum Einsatz.

Rechts und links plätscherte und raschelte es. Ich hatte Mühe, meine Fantasie im Zaum zu halten. Dummerweise machte der Tunnel einen kleinen Knick, sodass wir etwa in der Mitte weder den Eingang noch den Ausgang sehen konnten. Wer hatte denn eigentlich diese verrückte Idee gehabt, durch den Tunnel zu laufen? Waren wir denn von allen guten Geistern verlassen? Aber nun war es eh egal, denn zurück war es genauso weit wie weiter Richtung Tunnelende.

Um uns gegenseitig Mut zu machen, sangen wir alle 15 Strophen von »Geh aus, mein Herz, und suche Freud«. Da hat es sich also wieder einmal bewährt, in der Kirche zu arbeiten und regelmäßiger Gottesdienstbesucher zu sein. Mein persönlicher Hirte erwies sich als besonders textsicher, da er ja oft der Vorsänger für seine Gemeinde sein musste, wenn wieder mal keiner mitsang.

Können Sie sich vorstellen, wie erleichtert wir waren, als sich am Horizont unseres Weges allmählich ein Lichtschein abzeichnete? Das Ende war zumindest in Sicht.

Kurz vor dem Ausgang stapelten sich Kisten mit leeren Weinflaschen und Dosen mit Zigarettenkippen. Hier waren ganz offensichtlich Menschen gewesen oder waren noch da. Halleluja!

Der Strand erwies sich als Eldorado für Individualisten, die dem Wein sehr zugetan waren und auch gegen einen Joint nichts einzuwenden hatten. Es roch süßlich.

Wir sehnten uns zurück nach dem Geschrei der Kinder und den rücksichtslosen Volleyballspielern an unserem alten Strand. Außerdem wurde uns langsam klar, dass wir ja auch wieder zurücklaufen müssten durch unseren Tunnel.

Wir trugen schon mal zusammen, welche Lieder aus dem Gesangbuch mit möglichst vielen Strophen wir noch auswendig singen könnten.

Kurzum, auch der Rückweg gelang. Die freundlichen Menschen aus dem Ort, die wir nach dem Weg zum Tunneleingang gefragt hatten, freuten sich, dass wir wieder da waren, und riefen uns »Auf Wiedersehen« zu. Das allerdings kommentierte ich spontan mit »Ich glaube nicht!«, was ich natürlich bei einem kleinen Schwätzchen über den Gartenzaun begründete.

Dauer: Vorlesezeit ca. 7 Minuten, planen Sie aber Zeit für Erinnerungen an eigene ähnliche Erlebnisse oder besondere Wege ein

Material: die Geschichte

Der steigende W   60er-Jahren
führte dazu, da   rechter Rei-
seboom entstan   dann auch
mit dem eigene   an die Adria,
nach Österreich   jährliche Ur-
laubsreise gehör   e Reisenden
kehrten zurück m   issen, die im
Freundes- und Be   Fremdländi-
sche Speisen und Getränke bereicherten bald auch unsere
Speisepläne, und vieles von dem, was man bisher nur aus
Büchern und Filmen kannte, hatte man nun selbst gesehen.
Nicht nur deshalb sind Reisen sicherlich ein schönes Thema,
das mit vielen Erinnerungen und viel Austausch verbunden
sein wird. Es passt zwar gut in die Sommermonate, ist aber
auch im Winter ein schönes Thema, mit dem man die Kälte
und Dunkelheit für einige Stunden vergessen kann.

EIGENE ANNÄHERUNG AN DAS THEMA

Wohin sind Sie selbst schon gereist? Über welche Länder, Sehenswürdigkeiten und Regionen können Sie etwas
erzählen? Kennen Sie Menschen, die besondere Reisen
gemacht haben und davon berichten könnten? Gibt es in
Ihrer Nähe ein Reisebüro, wo Sie Prospekte und Anschauungsmaterial bekommen könnten? Sind die Menschen, die
zu Ihnen in die Gruppen und Kreise kommen, reisefreudig?

Kann gegebenenfalls auch jemand aus der Runde von einer schönen Reise erzählen?

EIN WORT ZU REFERENTEN ÜBER REISEN

In den Programmen der Seniorenkreise, die ich besuche, steht häufig als Thema ein Reisebericht. Vor allem, wenn die Teilnehmenden nicht mehr selbst reisen können, ist so ein Reisebericht eine schöne Möglichkeit, einen Blick in die weite Welt zu tun, ohne selbst die Koffer packen zu müssen. Achten Sie aber darauf, dass die Referenten nicht nur ein Bild an das andere reihen, Daten und Fakten zu den Bauwerken auflisten und Länge, Breite und Höhe der Gebirge aufzählen können, sondern ihren Bericht mit etwas Landeskunde und mit kleinen Anekdoten verbinden. Pro Minute sollte nicht mehr als ein Bild gezeigt werden. Es erhält die Aufmerksamkeit besser, wenn die Teilnehmenden zwischendurch auch selbst etwas erzählen können. Auch ein kleines Rätsel oder ein Quiz am Anfang oder am Ende zu dem Land oder dem Gebiet, von dem erzählt wurde, steigert die Aufnahmefähigkeit. Zum Erhalt der Aufmerksamkeit ist es wichtig, dass der Raum nicht vollständig abgedunkelt wird. Sorgen Sie also für entsprechend leistungsstarke Beamer oder andere Projektoren.

GESPRÄCHSIMPULS

ERZÄHLSPIEL

Besorgen Sie sich schöne Bilder, die an Urlaub erinnern. Die Aufnahmen sollten so groß sein, dass sie auch dann noch gut anzuschauen sind, wenn sie in jeweils vier Teile zerteilt sind. Schneiden Sie die Bilder in vier gleich große Teile. Auf die Rückseite kleben Sie feste Pappe, sodass die Karten stabil und gut zu greifen sind. Auf den Rückseiten der Karten stehen Fragen, die dazu einladen, von eigenen Reisen und Reiseeindrücken zu erzählen.

Nun sollen die Teilnehmenden zuerst die Bilder, die ja in vier Teile zerteilt sind, wieder zusammenfügen. Wenn die Motive wieder richtig zu sehen sind, können die Teilnehmenden zuerst über die Bilder ins Gespräch kommen und sich austauschen, welche Urlaubsgebiete sie bevorzugen. Passen Sie die Menge der Bilder und Puzzleteile an die Fähigkeiten der Teilnehmenden an. Bei Menschen mit einer demenziellen Veränderung sollten Sie mit nur einem Bild, also vier Teilen beginnen.

Nun zu den Fragen, die so aussehen könnten:

- *Schlecht erzogene Kinder oder wenig nette Mitreisende können eine Reise verderben. Haben Sie das auch schon erlebt? Erzählen Sie davon.*

- *Deutschland ist so schön, sagt man. Welche Gegend in Deutschland gefällt Ihnen für eine Reise gut?*

- *Große Hitze, Meer und Sonne – das sind die Wünsche vieler Menschen im Urlaub. Wie geht es Ihnen damit?*

- *Mögen Sie gerne in den Bergen sein? Was machen Sie da?*

- *Manche Leute müssen unbedingt jede Kirche und jedes Museum besichtigen. Wie halten Sie es damit?*

- *Ganz in der Nähe der eigenen Stadt Urlaub zu machen, für mich wäre das nichts. Wie geht es Ihnen damit?*

- *Suchen Sie im Urlaub eher die Ruhe oder die Lebendigkeit einer Stadt?*

- *Waren Sie schon einmal am Bodensee? Welche Seen kennen Sie sonst noch?*

- *Reisen Sie gerne mit dem Auto oder welches Verkehrsmittel bevorzugen Sie?*

- *Auf den Spuren großer Dichter, zu Naturschönheiten, in Kur – wie finden Sie Ihren Urlaubsort?*

- *Schreiben Sie aus dem Urlaub gerne Karten?*

- *Mögen Sie das Wasser? Welche Strände kennen Sie?*

- *Der Norden mit seinen Fjorden ist für viele ein Anziehungspunkt. Kennen Sie Skandinavien? Erzählen Sie davon!*

- *Urlaub in »Bad Meingarten« oder auf »Balkonien«, wie gefällt Ihnen das?*

- *Welche Schlösser haben Sie schon einmal besichtigt? Möchten Sie Schlossherrin sein?*

- *Die große Kunst ist vielen Menschen wichtig. Gehen Sie im Urlaub in ein Museum? In welche?*

- *Bayerischer Wald mit vielen Wanderungen und einem Orden, wenn man 20 Jahre hingefahren ist. Fahren Sie öfter an den gleichen Ort?*

- *Gehen Sie im Urlaub manchmal in den Gottesdienst?*

- *Wie lernen Sie das Land oder die Stadt kennen, in der Sie Urlaub machen? Lesen Sie vorher Reiseführer?*

- *Sind Sie schon einmal in den Urlaub geflogen? Wenn ja, wohin und hatten Sie Flugangst?*

- *Gab es bei Ihnen schon mal einen total misslungenen Urlaub?*

- *Welches war Ihre weiteste Reise? Wohin führte sie?*

- *In welcher Jahreszeit mögen Sie am liebsten reisen?*

- *Haben Sie schon einmal bei einer Reise das Gefühl gehabt, ein Schutzengel habe Sie besonders begleitet?*

- *Erzählen Sie uns von Ihrem schönsten Reiseerlebnis!*

- *Welche exotischen Lebensmittel oder besonderen Speisen haben Sie bei Reisen kennengelernt? Mochten Sie das essen?*

- *Achten Sie im Urlaub besonders auf die Natur, auf Ihnen unbekannte Pflanzen oder Tiere?*

- *Was halten Sie vom Winterurlaub?*

- *Kleine Orte und der Kontakt zu den Menschen, die dort leben? Wie ist das bei Ihnen? Sprechen Sie eine Fremdsprache?*

- *Würden Sie in ein Land reisen, in dem die Bevölkerung viel ärmer ist als bei uns?*

Auf der CD-ROM finden Sie ein Bild dieses Spiels, das Ihnen einen schnellen Eindruck davon vermittelt, wie es aussehen kann.

Dauer: 30 – 45 Minuten

Material: die zerschnittenen Bilder mit den Fragen auf den Rückseiten

SUMMENRÄTSEL

LIEDER ZUM THEMA REISEN

Lassen Sie die Gruppe Lieder zusammentragen, in denen es einen Zusammenhang mit Reisen gibt. So könnte die Liste aussehen:

- *Schön ist die Welt, drum Brüder, lasst uns reisen*
- *Wohlauf in Gottes schöne Welt*
- *Aus grauer Städte Mauern*
- *Mich brennt's in meinen Reiseschuh'n*
- *Einmal um die ganze Welt*
- *Heute an Bord, morgen geht's fort*
- *Heute hier, morgen dort*

Dauer: nur das Zusammentragen 5 Minuten; planen Sie aber ein, dass sicherlich auch gesungen wird

Material: keines oder ein Flipchart zum Notieren

GAST

REISEAPOTHEKE

Vielleicht haben Sie einen netten Apotheker in Ihrem Ort, der bereit wäre, den Teilnehmenden Ihrer Runde etwas darüber zu erzählen, wie man eine Reiseapotheke richtig bestückt. Dieser Programmpunkt ist vor allem dann interessant, wenn Sie Menschen in Ihrer Gruppe haben, die auch selbst noch reisen.

Eventuell hat noch jemand Lust dazu, davon zu erzählen, wie man selbst im Urlaub einmal krank geworden ist und ärztliche Hilfe brauchte. Wenn es keine allzu schwere Erkrankung war, hat ja eine solche Situation mit ihren Sprachproblemen auch eine lustige Seite.

Den Besuch eines Apothekers können Sie auch gut aus dem Thema »Reisen« herausnehmen und daraus eine ganz eigene Einheit machen. Viele ältere Menschen gefährden sich dadurch, dass sie zu viele und die falschen frei verkäuflichen Arzneimittel einnehmen. Statistisch gesehen nimmt jeder über 80-Jährige pro Tag acht Medikamente ein, und zwar zusätzlich zu den vom Arzt verordneten Mitteln. Das ergibt häufig einen geradezu toxischen Mix, der arge Schäden anrichten kann. Da wäre bessere Aufklärung hilfreich.

Dauer: Dem Referenten sollten Sie mindestens 30 Minuten zur Verfügung stellen, wenn auch erzählt werden soll, dauert es länger.

Material: keines

WISSEN / GESPRÄCHSIMPULS

ANDERE LÄNDER – ANDERE SITTEN

Tragen Sie zusammen, welche Bräuche in anderen Ländern so ganz anders sind als bei uns und wie es einem damit geht.

In Bulgarien beispielsweise schüttelt man mit dem Kopf, wenn man »Ja« meint. Das ist eine interessante Erfahrung, mit dem Kopf zu schütteln und dabei »Ja!« zu sagen. Probieren Sie es einmal mit Ihren Teilnehmenden aus.

In Italien darf man ein Essen nicht dadurch loben, dass man Daumen und Zeigefinger zu einer bei uns lobenden

Geste zusammenfügt. Das ist eine arge Beleidigung für die Hausfrau, deren Bedeutung ich Ihrer Fantasie überlasse.

In Vietnam darf man sich nicht in der Öffentlichkeit die Nase putzen, und nach Russland sollte man besser keine gelben Blumen in gerader Zahl mitnehmen, weil sie ein Zeichen für Trauer sind.

In Spanien darf man keine Cola bestellen, denn das ist ein unanständiges Wort. Es muss schon Coca-Cola oder Coke heißen.

In Singapur darf man keinen Kaugummi auf die Straße spucken; das ist zwar auch hier nicht fein, dort kostet es aber eine empfindliche Geldstrafe, die man auch zu erwarten hat, wenn man in Venedig eine Zigarettenkippe wegwirft.

In Taiwan darf man nur dann mit roter Tinte schreiben, wenn man dem Adressaten mitteilen möchte, dass man mit ihm nie wieder etwas zu tun haben möchte.

In Großbritannien gilt man als chic, wenn man während des Gesprächs die linke Hand in der Hosentasche behält.

Diese Internetseite war mir beim Finden von uns fremden Sitten hilfreich:
http://www.geo.de/GEO/reisen/wissenstests

Dauer: 15 Minuten

Material: als Anregung die oben aufgeführten Besonderheiten

FILME & BÜCHER

Diese Filme oder Bücher könnten Sie in diesem thematischen Zusammenhang ansehen oder empfehlen:

- *In 80 Tagen um die Welt*

- *Gullivers Reisen*
- *Vergnügliche Reise mit dem Automobil (Otto Julius Bierbaum)*
- *Goethe – eine italienische Reise*
- *Theodor Fontane – Wanderungen durch die Mark Brandenburg*
- *Peterchens Mondfahrt*
- *Man spricht Deutsh*
- *Mark Twain – in Deutschland*

Fragen Sie auch in der Videothek Ihres Ortes oder Ihrer Stadt nach, was es da gibt. Vielleicht mag sogar ein Mitarbeitender von dort kommen und über das Angebot berichten.

Dauer: je nach Länge des Filmes

Material: einen Film und ein passendes Vorführgerät, eine Leinwand oder eine weiße Wand, Verdunkelungsmöglichkeit

WISSEN / RATESPIEL

REISENDE, DIE ETWAS ENTDECKT HABEN
- *Marco Polo*
- *Christoph Kolumbus*
- *Ferdinand Magellan*
- *Scott und Amundsen*
- *Hernán Cortéz*
- *Heinrich Schliemann*

Und was sie entdeckt haben:

- *Seidenstraße*
- *Amerika*
- *Magellanstraße*
- *Nordpol*
- *Südamerika*
- *Troja*

Sie können die Teilnehmenden einfach zum Sammeln auffordern oder daraus ein Rätsel machen, indem Sie das Entdeckte benennen und den Entdecker finden lassen.

Dauer: 5 Minuten

Material: keines oder die Angaben von oben

SUMMENRÄTSEL

REISEZIELE

Finden Sie zu jedem Buchstaben des Alphabets ein schönes Reiseziel. So könnte die Lösung aussehen:

- *Alpen*
- *Bodensee*
- *Cinque Terre*
- *Dresden*
- *England*

- *Fuerteventura*

- *Guernsey*

- *Helgoland*

- *Italien*

- *...*

Drucken Sie dazu die ABC-Schablone von der CD-ROM aus.

Dauer: 10 Minuten

Material: die ausgedruckte ABC-Schablone (siehe CD -> Vorlagen -> ABC-Schablone)

SAMMELAUFGABE / GESPRÄCHSIMPULS

SPRICHWÖRTER UND REDENSARTEN ZUM THEMA REISEN

Lassen Sie die Teilnehmenden solche Sprichwörter und Redensarten zusammentragen, die es im Zusammenhang mit Reisen gibt. Oder Sie drucken die hier aufgeführten aus und hängen Sie gut sichtbar im Raum auf, sodass sie alle gut lesen können.

- *Wenn einer eine Reise tut, dann kann er was erzählen.*

- *Reisen bildet.*

- *Man sieht nur, was man weiß.*

- *Auch die längste Reise beginnt mit dem ersten Schritt.*

- *Die Welt ist ein Buch. Wer nie reist, sieht nur eine Seite davon.*

- *Nur wo du zu Fuß warst, bist du wirklich gewesen.*

- *Froh schlägt das Herz im Reisekittel, vorausgesetzt, man hat die Mittel*

- *Was ist das Erste, was Herr und Frau Maier tun, wenn sie in den Himmel kommen? Sie bitten um Ansichtskarten!*

- *Besser ein dummer Wanderer als ein Weiser, der zu Hause sitzt.*

- *Wer reist im Flug, der wird nicht klug.*

- *Schildkröten können dir mehr über den Weg erzählen als Hasen.*

Auf dieser Internetseite finden Sie viele weitere Redensarten zum Thema. Tragen Sie die Sprüche vor oder drucken Sie sie aus, damit die Teilnehmenden eine eigene Wahl treffen und darüber ins Gespräch kommen können.

Dauer: zum Sammeln 10 Minuten, mit Austausch und Begründung der Wahl 15 – 20 Minuten

Material: ggf. die ausgedruckten Sprüche und Klebeband

GESPRÄCHSIMPULS

BERÜHMTE FRAGE: WELCHES BUCH ...?

Diese Frage wurde schon Bertolt Brecht gestellt. Richten auch Sie an Ihre Teilnehmer die berühmte Frage danach, welches Buch sie auf eine einsame Insel mitnehmen würden. Brecht hat übrigens geantwortet: »Sie werden lachen! Die Bibel!« Damit Ihre Teilnehmenden nicht gleich diese Antwort geben und der Gesprächsimpuls damit schnell verpufft wäre, geben Sie vor, dass es auf der Insel auf geheimnisvolle Weise bereits eine Bibel gibt.

Dauer: 15 Minuten

Material: keines

KOFFER PACKEN

Wie früher besonders gerne bei Kindergeburtstagen gespielt, rege ich folgendes Spiel an: »Ich packe meinen Koffer«. Reihum soll jeder und jede in den imaginären Koffer etwas packen, das mit demselben Buchstaben beginnt wie der eigene Vorname. Wenn die Teilnehmenden Ihrer Runde sich eher mit dem Nachnamen anreden, sollte der Gegenstand, der in den Koffer gepackt wird, auch mit dem Buchstaben des Nachnamens beginnen. So kann es losgehen:

Ich heiße Rita und packe in meinen Koffer eine Regenjacke. Der Nächste in der Reihe wiederholt meinen Namen und mein Gepäckstück und fügt seinen Namen und sein Gepäckstück dazu:

Das ist Rita, die packt eine Regenjacke ein, und ich bin Michael und packe Mundwasser ein.

Der Nächste fährt fort:

Das ist Rita, die packt eine Regenjacke ein, Michael denkt an Mundwasser und ich heiße Werner und packe eine Warmhalteflasche ein.

So wiederholen die Teilnehmenden die letzten fünf Nennungen von Namen und Mitnahme von Gegenständen. Am Ende versuchen alle gemeinsam noch einmal, alle gehörten Namen und Gegenstände zusammenzutragen.

Dauer: 15 Minuten

Material: keines

SOUVENIRS – REISEANDENKEN

Wenn Sie Ihre Teilnehmenden vorher noch einmal sehen oder Ihnen eine Nachricht zukommen lassen können, bitten Sie darum, man möge doch zu dem Treffen mit dieser Thematik ein Souvenir mitbringen, das man sich einmal in einem Urlaub gekauft oder als Mitbringsel geschenkt bekommen hat. Möglicherweise wird das eine skurrile Sammlung aus Aschenbechern mit dem Bild des schiefen Turms von Pisa, einer beleuchteten Gondel aus Venedig oder einem Lutscher mit dem Porträt des Papstes. Bringen Sie unbedingt auch selbst einige Dinge mit. Vermutlich werden die Teilnehmenden ganz von alleine von den Urlauben und der Herkunft der Reiseandenken zu erzählen beginnen. Ansonsten regen Sie mit den entsprechenden Impuls-Fragen zu den Gegenständen ein Gespräch an.

Dauer: 30 Minuten

Material: die mitgebrachten Souvenirs

REISERÄTSEL – WO BIN ICH?

Geben Sie die folgenden Fragen in die Runde und lassen Sie die Teilnehmenden jeweils die Lösung finden.

Frage	Antwort
Ich sehe um mich herum lauter Gondeln – wo bin ich?	Venedig

Ich fahre durch viele Grachten – wo bin ich?	*Amsterdam*
Vor mit steht ein ziemlich schiefer Turm – wo bin ich?	*Pisa*
Ich kann vom Eiffelturm auf die ganze Stadt schauen – wo bin ich?	*Paris*
Vor mir im Wasser sitzt die kleine Meerjungfrau – wo bin ich?	*Kopenhagen*
Der Trevibrunnen plätschert vor mir – wo bin ich?	*Rom*
Die Glocken von Big Ben läuten den Abend ein – wo bin ich?	*London*

Stimmen Sie die Fragen darauf ab, wohin die Teilnehmenden Ihrer Runde schon gereist sind. Oder Sie lassen die Teilnehmenden selbst solche Fragen entwickeln, die dann den anderen gestellt werden.

Dauer: 5 Minuten

Material: die oben aufgeführten Fragen, bei der Idee, die Teilnehmenden mögen selbst Fragen finden, auch noch Papier und Stifte

MONATSTHEMA AUGUST:
Achtung

Da der August der achte Monat des Jahres ist, soll sich dieses Mal alles um die Acht drehen. Natürlich ist das auch mit jeder anderen Zahl möglich, sodass Sie hier eine Sammlung von Methoden und Anregungen finden, die Sie leicht auch auf andere Zahlen übertragen können. Vor allem aber soll es um Achtung gehen, die wir Menschen voreinander und vor der Schöpfung haben sollen.

EIGENE ANNÄHERUNG AN DAS THEMA

Wovor haben Sie Achtung? Was fordert Ihnen Respekt ab? Wo finden Sie es besonders beängstigend, wenn Achtung fehlt? Können Sie zu diesem thematischen Zusammenhang jemanden einladen? Vielleicht gibt es in Ihrem Ort oder in Ihrer Stadt dazu eine passende Aktion! Gibt es beispielsweise Kontakte zu Amnesty International oder zur örtlichen Tafel, sodass Sie aus diesen Gruppen Vertreterinnen und Vertreter einladen könnten, die von ihrem Engagement erzählen? Sicherlich könnten Sie damit auch einige Vorurteile abbauen und in eine lebhafte Diskussion einsteigen.

WÖRTER FINDEN

Lassen Sie die Teilnehmenden möglichst viele Wörter zusammentragen, in denen irgendwie die Buchstaben ACHT vorkommen. So könnte die Liste aussehen:

achtsam, Achtung, achten, verachten, Wacht, Wachturm, Achterknoten, Achtsamkeit, achtsam, achtkantig, Fracht, Tracht, Pracht, Gracht, gelacht, gedacht, Bedacht, bedacht, Obacht, beobachten, Beachtung, begutachten, Gutachten ...

Dauer: 5 Minuten

Material: ggf. ein Flipchart und ein Stift

VERKEHRSSCHILD

Fragen Sie bei der Straßenbaumeisterei nach einem alten Verkehrsschild für die Regel »Achtung, Vorfahrt achten!« und stellen Sie das Schild gut sichtbar für alle im Raum auf. Die Frage oder Aufgabe lautet nun, sich zu überlegen, wovor man Achtung hat oder Achtung haben sollte. Meistens kann man auf den Schildern mit Filzstift aufschreiben, was die Teilnehmenden gesagt haben. Ansonsten verwenden Sie kleine Papierstreifen, die Sie dann ankleben. Lassen Sie viel Zeit für das Gespräch und den Austausch darüber, wem oder was Achtung gebührt.

Dauer: 15 Minuten

Material: einen Stift, mit dem Sie direkt auf das Schild schreiben können, oder Papierstreifen, einen Stift und Klebeband

ACHTUNG – ÄLTERE MENSCHEN

Dieses Schild steht z. B. in Großbritannien in der Nähe von Altenpflegeheimen und ermahnt die Verkehrsteilnehmer, auf ältere Menschen Rücksicht zu nehmen.

Kopieren Sie das Bild und legen es als Tischvorlage auf jeden Platz. Nun sollen die alten Menschen dazu aufgefordert werden, darüber zu sprechen, was für eine Achtung vor dem Alter sie sich wünschen, wo sie solch eine Achtung erfahren oder vermisst haben.

Ich persönlich finde es bedauerlich, dass das Schild die alten Menschen als eher defizitär darstellt. Der Stock und der krumme Rücken legen die Betonung auf die Beschwernisse des Alters. So lässt sich vielleicht als Kontrast die Frage anknüpfen, was im Alter denn schöner ist als in der Zeit der Jugend. Hier die Auflistung möglicher Fragen zu dieser Methode:

- *Welche Achtung wünschen Sie sich vor dem Alter?*

- *Wie sollte diese Achtung ausgedrückt werden, wodurch soll sie sichtbar und spürbar werden, um nicht lediglich ein Lippenbekenntnis zu sein?*

- *Wie war das, als Sie selbst jung waren? Wie verhielt man sich alten Menschen gegenüber?*

- *Welche Vorteile hat das Alter im Vergleich zu den jungen Jahren?*

- *Wie würden Sie sich die alten Menschen auf dem Schild dargestellt wünschen?*

Dauer: 20 Minuten

Material: das ausgedruckte Schild und ggf. die Liste mit den weiterführenden Fragen

SPIEL / KONZENTRATIONSÜBUNG

ZAHLENREIHE

Fordern Sie die Teilnehmenden dazu auf, von 1 beginnend an gemeinsam zu zählen. Bei allen Zahlen, die durch 8 teilbar sind, wird statt der Zahl »ACHTUNG« gerufen. Auch bei allen Zahlen, in denen eine 8 vorkommt, also z. B. 18, 28, 38, wird nicht diese Zahl benannt, sondern ebenfalls »ACHTUNG« gerufen.

Diese Übung hört sich einfach an, verlangt den Teilnehmenden aber eine Menge an Konzentrationsfähigkeit ab. Also nicht zu schnell vorgehen und auch besser keine Kritik an Fehlern, auch kein Ausscheiden, wenn man die betreffende Zahl doch genannt hat.

Dauer: 5 Minuten

Material: keines

SAMMELAUFGABE

ACHTER-SAMMELAUFGABE

Tragen Sie viele Oberbegriffe zusammen, zu denen die Teilnehmenden dann jeweils acht Dinge benennen sollen, die zu diesem Oberbegriff passen. Nennen Sie also den Oberbegriff »AUTO«, könnte die Antwort lauten: Mercedes, VW, Citroën, Fiat, Alfa, Volvo, Ford, Lancia.

Achten Sie bei der Wahl der Oberbegriffe darauf, dass Sie solche finden, die für Männer leichter zu füllen sind, und solche, die eher weibliche Themen ansprechen.

Das könnten solche Oberbegriffe sein:

- *Städte in Deutschland*
- *Europäische Hauptstädte*
- *Flüsse in Deutschland*
- *Flüsse außerhalb Deutschlands*
- *Einsilbige Städtenamen*
- *Vornamen (mit der Vorgabe eines Anfangsbuchstabens und männliche/weibliche Vornamen noch zu verfeinern)*
- *Möbel*
- *Käsesorten*
- *Wurstsorten*
- *Kuchensorten*
- *Werkzeuge*
- *Ausgestorbene Berufe*
- *Wilde Tiere*
- *Zugvögel*
- *Insekten*
- *Fische*

- *Gartenblumen*

- *Bäume*

- *Obstsorten*

- *Gemüsesorten*

- *Farben*

- *Musikinstrumente*

- *Opern*

- *Deutsche Volkslieder*

- *Schlager*

- *Kirchenlieder*

- *...*

Sie können die Begriffe gut auch in Tischgruppen finden lassen. Auch ein Aufschreiben der Einfälle kann gut sein. Besonders findigen Gruppen können Sie die Aufgaben übertragen, für die anderen solche Oberbegriffe zu suchen, die dann mit jeweils acht Nennungen gefüllt werden sollen. Wenn Sie mit Menschen mit einer demenziellen Veränderung arbeiten, sollten Sie einfachere Oberbegriffe verwenden, beispielsweise die, die man früher beim Spiel »Stadt – Land – Fluss« nahm, und auch die Anzahl der zu findenden Begriffe reduzieren.

Dauer: 15 Minuten
Material: ggf. Papier und Stifte

MONATSTHEMA SEPTEMBER:
Tage, Daten und Ereignisse

Sie finden zu jedem Datum im September eine Frage nach einem Ereignis, einem Menschen, einer Erfindung, die Sie als Quiz in die Runde geben können. Wenn Sie intensiver an dieser Idee arbeiten wollen, können Sie noch die Anregungen zur Weiterarbeit nutzen, die ich Ihnen klein gedruckt unter die Antwort geschrieben habe.

Diese Ratemöglichkeit kann man natürlich zu allen Monaten des Jahres erstellen. Lesen Sie die Fragen immer langsam vor und machen Sie nach jedem Satz eine kleine Pause. Vielleicht sind Teilnehmende dabei, die schon bei der ersten oder zweiten Information die Lösung parat haben. Überlegen Sie aber vorher, wie Sie mit solchen Schnellratern umgehen wollen. Es ist für die anderen Teilnehmenden frustrierend, wenn immer derselbe als Erster die Antwort sagt. Lassen Sie gegebenenfalls die Antworten aufschreiben oder ernennen Sie den Schnellrater zum Spielleiter, der die nächste Frage vorliest.

EIGENE ANNÄHERUNG AN DAS THEMA

Schauen Sie sich die Fragen vorher genau an und stimmen Sie sie auf das Wissen und die Erfahrungen der Menschen ab, die sich in Ihrer Runde treffen. Suchen Sie sich solche Fragen heraus, zu denen Ihnen selbst noch etwas einfällt oder an die Sie weitere Aktivitäten anknüpfen können.

SEPTEMBER-SPAZIERGANG

Lesen Sie immer zuerst das Datum vor. Darauf folgt dann die Frage zu diesem Datum.

Frage zum 1. September

Ein Mann hat heute Geburtstag, der sich schon früh einen Namen als Assistent des großen Komponisten Richard Wagner machte. 1854 wurde der Gesuchte geboren, übrigens in Neustrelitz. Er nutzte ein Märchen als Vorlage für eine Oper und verschaffte so Kindern und Jugendlichen Zugang zu seiner Musik. »Hänsel und Gretel« ist sein wohl größter Erfolg.

Antwort

Engelbert Humperdinck

Hier könnten Sie Ausschnitte aus der Musik vorspielen und Erinnerungen austauschen!

Frage zum 2. September

In Leipzig wird am 2. September 1916 etwas eingeweiht, und sogar der Sachsenkönig ist dabei. Über 7 Millionen Veröffentlichungen aus und über Deutschland lagern dort. Noch heute ist es der Sammelplatz für Literatur dieses Gebietes.

Antwort

Büchertempel in Leipzig

Lassen Sie die Teilnehmenden über ihr Lieblingsbuch erzählen.

Frage zum 3. September

Der Vater des Volkswagens hat Geburtstag. 1875 wird er am 3. September in Böhmen geboren. In der Nazi-Zeit baute er einen Wagen für das Volk, ein Auto, das sich auch kleine Leute sollten leisten können.

Antwort

Ferdinand Porsche

Lassen Sie vom eigenen ersten Auto erzählen.

Frage zum 4. September

Am 4. September ist viel passiert. Die Keilschrift wird entdeckt, Anton Bruckner hat Geburtstag und auch Otto Schlemmer. Wir suchen aber nach einem 1915 in Duisburg geborenen Tenor, einem der wenigen Deutschen, der in internationalen Häusern Erfolg hatte. Zahlreiche Opern, aber auch Volkslieder, Auftritte in TV und Rundfunk machten ihn berühmt. Schließlich spielte er auch in Filmen mit. Wer ist das?

Antwort

Rudolf Schock

Auch hier bietet sich eine Hörprobe an.

Frage zum 5. September

Am 5. September 1980 wird er eröffnet. Mit 16,3 km ist er der längste der Welt. 700 Arbeiter waren zu seiner Erstellung nötig. Anwohner und Umweltschützer kritisieren ihn, Reisende schätzen ihn. Wer ist das?

Antwort

Sankt-Gotthard-Tunnel

Lassen Sie von einer Reise erzählen, die durch diesen Tunnel führte.

Frage zum 6. September

Es ist der Geburtstag eines deutschen Politikers. 1915 wird

er geboren und Bayern ist seine Heimat und die seiner bevorzugten Partei. Skandale, Streitereien, Dickköpfigkeit und Power begleiten seine Arbeit. 1988 stirbt er.

Antwort
Franz-Josef Strauß

Vielleicht erinnern sich einige an seine deftigen Reden im Bundestag und können davon erzählen.

Frage zum 7. September
Am 7. September wird im heutigen Istanbul ein Mann geboren, der bereits als Kind nach Amerika kommt und dort eine Schauspielausbildung macht. Richtig berühmt wird er aber als Regisseur, zum Beispiel »Endstation Sehnsucht« und »Jenseits von Eden« machten ihn und auch James Dean berühmt. Wer ist das?

Antwort
Elia Kazan

Fragen Sie nach einem Film, den die Teilnehmenden gerne gesehen haben oder gerne einmal wieder sehen möchten.

Frage zum 8. September
Einen berühmten Dichter bedenken wir heute. Im Jahr 1804 wird er in Ludwigsburg geboren. Nach dem Theologiestudium im Tübinger Stift wird er Pfarrer in Cleversulzbach. Er schreibt Gedichte, Märchen und Novellen. Sein berühmtestes Gedicht ist wohl das vom Frühling, der sein blaues Band flattern lässt.

Antwort
Eduard Mörike

Versuchen Sie, das Gedicht zusammen aufzusagen.

Frage zum 9. September

Wieder ist nach einem Dichter gefragt. Er kommt aus Russland, wo er 1828 an diesem Datum als Sohn einer einflussreichen Adelsfamilie geboren wird. Er studiert Jura und Orientalistik, wird im Krieg Soldat und schreibt so berühmte Romane wie »Anna Karenina« und »Krieg und Frieden«. Wer ist das?

Antwort

Leo Tolstoi

Lassen Sie noch weitere russische Autoren zusammentragen.

Frage zum 10. September

Ein Modedesigner hat heute Geburtstag. 1938 wird er in Hamburg geboren. Zunächst Mitarbeiter großer französischer Modehäuser, in denen er seine ausgefallenen Ideen präsentieren kann, baut er ab 1974 seine eigene Firma in Deutschland auf. Parfum, Hüte, Mode, aber auch Möbel tragen seinen Namen. Sein Äußeres ist sehr markant.

Antwort

Karl Lagerfeld

Fragen Sie nach einem besonderen Kleid oder einem besonderen Anzug, den man einmal getragen hat.

Frage zum 11. September

1816 wird in Weimar ein Mann geboren, der als Mechaniker und Unternehmer eine Firma mit Weltgeltung gründet. Mikroskope, optische Geräte, Brillen – alles Mögliche wird in den Jenaer Glaswerken, die er 1882 gründet, gebaut. Wer ist der Mann?

Antwort

Carl Zeiss

Fragen Sie nach der ersten Brille, die die Teilnehmenden bekommen haben.

Frage zum 12. September

Ein französischer Chansonnier hat Geburtstag. 1888 wird er in Paris geboren. Er ist der singende Charmeur in Revuefilmen, trägt Chansons vor und hat im Film und auf der Bühne große Erfolge. Ein schwarzer Zylinder ist sein Markenzeichen. Wer ist das?

Antwort

Maurice Chevalier

Geben Sie eine Hörprobe des Künstlers.

Frage zum 13. September

Endlich einmal kann ich nach einer Frau fragen. Sie ist Pianistin und Komponistin. 1819 wird sie geboren, da heißt sie Wieck. Bereits mit 16 ist sie eine Virtuosin auf dem Klavier. Mit 21 Jahren heiratet sie einen Klavierschüler ihres Vaters. Sie gilt als hervorragende Interpretin der Werke ihres Mannes. Wer ist das?

Antwort

Clara Schumann

Auch hier bietet sich eine Hörprobe an.

Frage zum 14. September

Am 14. September wird in Berlin ein Mann geboren, der zu seiner Zeit zu den angesehensten Wissenschaftlern gezählt haben soll. Geologe, Geograf, Naturwissenschaftler, Forschungsreisender, Magnetismusforscher – all das ist er. 1859 stirbt er in Berlin. Wer ist das?

Antwort

Alexander von Humboldt

Lassen Sie noch weitere Wissenschaftler und Forscher benennen, ggf. auch mit ihren Entdeckungen

Frage zum 15. September

Eine britische Schriftstellerin wird gesucht, die sich besonders als Autorin von Krimis einen Namen machte. 1890 wird sie in Torquay geboren. 70 Detektivromane schreibt sie, unter ihnen so erfolgreiche wie »Mord im Orientexpress«, »Tod auf dem Nil« und das Theaterstück »Die Mausefalle«. Wer ist die Dame?

Antwort

Agatha Christie

Zeigen Sie eine Szene aus einem der Krimis.

Frage zum 16. September

Maria Anna Sofia Cecilia Kalogeropoulou, unter diesem Namen wird eine griechische Sopranistin geboren. Genau ist das am 2. Dezember 1923, und zwar in Manhattan. Dass sie am 16. September unsere Rateaufgabe ist, liegt daran, dass sie an diesem Datum im Jahr 1977 in Paris starb. Eine besondere Frau, die aber wohl nicht besonders glücklich war.

Antwort

Maria Callas

Bringen Sie ein Lied der Callas zu Gehör.

Frage zum 17. September

1913 wird an diesem Tag in München ein Mann geboren, der zu den Vätern des deutschen Fernsehens gehören wird. Mit einem heiteren Ratespiel zu den Berufen seiner jeweiligen Gäste wird er zum Dauerbrenner im TV. »Wer bin ich?«, fragt er 337-mal im Fernsehen. Wer ist das?

Antwort

Robert Lembke

Lassen Sie die Namen der Leute aufzählen, die das Rateteam gebildet haben.

Frage zum 18. September

Am 18. September 1905 wird Greta Lovisa Gustafsson geboren, und zwar in Stockholm. Aus ärmlichen Verhältnissen kommend, wird sie über Nacht zum größten Star in Hollywood. Sie ist Königin Christine, Anna Karenina, Mata Hari. Stets umgibt sie ein Hauch von Traurigkeit und Tragik. Sie lacht so gut wie nie. Wie heißt sie mit ihrem Künstlernamen?

Antwort

Greta Garbo

Vielleicht haben die Teilnehmenden Lust, einen Film mit Greta Garbo anzuschauen.

Frage zum 19. September

Unser heutiger Gesuchter hat eine Fernsehsendung erfunden, die er auch selbst moderiert hat. Aber fangen wir vorne an. Er wurde am 4. Februar 1929 in München geboren. Sein Todestag ist der 19. September 2009. Die Sendung gibt es noch heute, und noch heute wird gestritten, ob sie hilfreich ist oder zu Bespitzelung anstiftet. Wie heißt der Erfinder und wie die Sendung?

Antwort

Eduard Zimmermann, Aktenzeichen XY-ungelöst

Regen Sie dazu an, über die Intention der Sendung zu diskutieren, die ja nicht unumstritten ist.

Frage zum 20. September

In den Armenvierteln von Neapel wird eine Frau geboren, die als Schauspielerin sehr berühmt werden soll. Als Filmpartnerin von Cary Grant und Gregory Peck wird die spätere Ehefrau des Regisseurs Carlo Ponti viele Filme drehen.

Witzige, spannende, alberne und verliebte Rollen kann sie gleich gut spielen. 1991 erhält sie einen Oscar für ihr Lebenswerk. Und ein berühmter Satz von ihr ist: »Alles, was Sie hier sehen, verdanke ich Spaghetti!«

Antwort

Sophia Loren

Im Film »Hausboot« zeigt sie ihre Talente besonders eindrucksvoll. Schauen Sie den Film gemeinsam an.

Frage zum 21. September

Der 21. September ist der Gedenktag eines Heiligen. Es ist einer der Evangelisten, der für die Verbreitung des Glaubens in Palästina und Äthiopien sorgte. Schönes Wetter an seinem Tag bedeutet eine gute Weinernte. Welcher Heilige ist gemeint?

Antwort

Matthäus

Tragen Sie weitere Wetterregeln zusammen.

Frage zum 22. September

1891 wird in Hamburg ein Mann geboren, der als Schauspieler den blonden Draufgänger spielt. Die Nazis hätten ihn gerne für ihre Ziele vereinnahmt, aber er wollte nicht mit ihnen arbeiten, was zum Verbot so berühmter Filme wie »Große Freiheit Nr. 7« führte.

Antwort

Hans Albers

Stimmen Sie das Lied »Auf der Reeperbahn nachts um halb eins« an.

Frage zum 23. September

Rosemarie Albach wird am 23. September 1938 in Wien geboren. Schon als 16-Jährige wird sie zu einer berühmten Schauspielerin, die gleich in drei Filmen eine Kaiserin darstellt. Ihr Leben lang wird sie das Image dieser Filme schlecht los, obwohl ihre Talente viel mehr beinhalten. Privat hat sie viel Kummer zu tragen. Und wir sehen sie immer zu Weihnachten.

Antwort
Romy Schneider

Zeigen Sie Ausschnitte aus einem Film oder fragen Sie danach, welches Image man selbst mit sich herumträgt.

Frage zum 24. September

1983 wird ein Musical erstmals in deutscher Fassung aufgeführt. Der Regisseur heißt Andrew Lloyd Webber. In dem Stück geht es um Katzen, die sich singend, tanzend und schnurrend und in wunderschönen Masken und Kostümen auf der Bühne tummeln. Ihr Treiben hat viel mit den Menschen gemein. Es ist?

Antwort
Cats

Spielen Sie ein Stück aus Cats vor.

Frage zum 25. September

Endlich haben wir mal einen Gesuchten, der noch lebt. Am 25. September wird er im Jahre 1955 in Lippstadt geboren. Er ist ein berühmter Fußballer beim FC-Bayern, bei Inter Mailand und auch in der deutschen Nationalmannschaft. Drei Mal Torschützenkönig geworden, haben Sie seinen Namen bestimmt oft gehört.

Antwort
Karl-Heinz Rummenigge

Fragen Sie nach Lieblingsfußballern.

Frage zum 26. September

Am 26. September wird eine Erfindung vorgestellt, die in viele Häuser Einzug finden wird. Sie sorgt für Musik, die von Schellack-Platten abgespielt werden. Berliner heißt der Erfinder. Wie heißt aber die Erfindung?

Antwort

Grammofon

Finden Sie noch solche alte Musik?

Frage zum 27. September

Manfred Nidl-Petz wird in Wien geboren, und zwar im Jahre 1931. Als Sänger von Liedern mit viel Fernweh und Seefahrer-Flair wird er berühmt. »Junge, komm bald wieder« ist wohl das bekannteste Lied. Sein Name als Künstler klingt so ganz anders als sein Geburtsname. Wer ist gemeint?

Antwort

Freddy Quinn

Stimmen Sie das Lied an. Vielleicht erzählt jemand von Seefahrt und Heimweh?

Frage zum 28. September

Alexander Fleming entdeckt an diesem Tag im Jahre 1928 eigentlich durch Zufall ein Medikament, das vielen Menschen seither das Leben gerettet hat. Es ist ein Schimmelpilz, der für Bakterientötung sorgt. Wie heißt das Medikament?

Antwort

Penicillin

Suchen Sie nach weiteren Erfindungen in der Medizin.

Frage zum 29. September

Ein Engel hat heute Geburtstag. Es ist einer der Erzengel, Schutzpatron für Deutschland. Dargestellt wird er oft im Kampf mit einem Drachen. Sein Name bedeutet: Wer ist wie Gott! Welcher Erzengel ist das?

Antwort

Michael

Fragen Sie danach, ob man schon einmal einem Engel begegnet ist oder selbst zu einem Engel für jemanden werden konnte.

Frage zum 30. September

Udo Bockelmann wird am 30. September 1934 in Klagenfurt geboren. Vom Schlagersänger zum Musikprofessor führt sein Weg. Er gewinnt den Grand Prix, schreibt viele eigene Kompositionen, Liebeslieder und sozialkritische Lieder für alle Altersstufen und Schichten. Es heißt, am Ende des Konzertes gibt er die Zugabe in einem weißen Bademantel. Wer ist der Künstler?

Antwort

Udo Jürgens

Spielen Sie einige der Lieder ab.

Wenn Sie in einer Einrichtung der Altenpflege arbeiten, können Sie gut an jedem Tag die Frage des Tages an zentraler Stelle des Hauses präsentieren. Dann haben die Menschen ein Gesprächsthema und können sich gemeinsam erinnern. Lösen Sie das Rätsel dann immer zur gleichen Zeit auf, möglicherweise am besten nach dem Kaffeetrinken am Nachmittag.

Wenn Ihnen eine Frage nicht gefällt oder Sie denken, dass Ihre Teilnehmenden das bestimmt nicht wissen, schauen

Sie im Internet nach einer Alternative. Unter google.de kann man einfach das Datum eingeben und findet dann viele Hinweise.

Spielen Sie das Quiz in einer Raterunde und Ihre Teilnehmenden brauchen eine Hilfe bei den Antworten, geben Sie zunächst immer nur den ersten Buchstaben des Lösungswortes preis oder bei Namen die Initialen. Das reicht meist schon, um auf die richtige Lösung zu kommen.

Dauer: wenn Sie jeden Tag des Monats als Rätselaufgabe stellen wollen, brauchen Sie ungefähr 60 Minuten. Kommen noch die anderen Anregungen zur Weiterarbeit dazu, erhöht sich die Minutenzahl erheblich

Material: beim Raten brauchen Sie kein Material, bei der Weiterarbeit ist das Material von der jeweiligen Anregung abhängig.

MONATSTHEMA OKTOBER:
Bewahren und konservieren

Der Oktober ist traditionell der Erntemonat. Erntedank wird gefeiert und in vielen ländlichen Gegenden finden Ernte-umzüge und Erntefeste statt. Daran anknüpfend möchte ich Ihnen einige Ideen zum Thema »Bewahren und kon-servieren« präsentieren. Dabei denke ich nicht nur an das Einkochen und Einwecken, sondern vor allem auch daran, welche Erlebnisse und Erfahrungen die Menschen gerne behalten und weitergeben möchten.

EIGENE ANNÄHERUNG AN DAS THEMA

Kochen Sie noch selbst ein oder stellen Marmeladen und Gelees her? Können Sie als Dekoration alte Weckgläser und -ringe mitbringen? Was aus Ihrem eigenen Leben möchten Sie gerne als Erfahrung oder schönes Erlebnis bewahren und weitergeben?
Sicherlich gibt es auch in Ihrer Nähe eine Gruppe des DHB-Netzwerks Haushalt (früher: Hausfrauenbund). Vielleicht könnten Sie einige Frauen aus der Gruppe einladen, Sie bei der Thematik zu unterstützen.

GEDICHTE

Die jetzt alten Menschen mussten in ihrer Schulzeit viele Gedichte auswendig lernen, die sie häufig noch bis ins Alter behalten haben. Die bekanntesten habe ich herausgesucht und deren Anfang jeweils in zwei Teile geteilt. Auf dem folgenden Bogen stehen sie aber nicht richtig nebeneinander. Sie sollen einander so zugeordnet werden, wie es richtig ist.

Ordnen Sie die Gedichtzeilen richtig zu!	
Freude, schöner Götter-funken, Tochter aus Elysium,	blüht jede Weisheit auch und jede Tugend zu ihrer Zeit und darf nicht ewig dauern.
John Maynard! »Wer ist John Maynard?« »John Maynard war	die Sonnenuhren, und auf den Fluren lass die Winde los.
Herr von Ribbeck auf Ribbeck im Havelland	steht die Form aus Lehm gebrannt.
Zu Dionys, dem Tyrannen, schlich Damon, den Dolch im Ge-wande:	ich muss Euch sagen, es weihnachtet sehr!
Von drauß vom Walde komm ich her;	Ihn schlugen die Häscher in Bande. »Was wolltest du mit dem Dolche, sprich!«
Frühling lässt sein blaues Band	ein Birnbaum in seinem Garten stand.
Wie jede Blüte welkt und jede Jugend dem Alter weicht, blüht jede Lebensstufe,	unser Steuermann, aushielt er, bis er das Ufer gewann,

Herr, es ist Zeit. Der Sommer war sehr groß. Leg deinen Schatten auf	wenn es wimmelt vom Heiderauche,
O schaurig ist's, übers Moor zu gehn,	wieder flattern durch die Lüfte
Festgemauert in der Erden	Wir betreten feuertrunken, Himmlische, dein Heiligtum.

So muss es natürlich richtig lauten:	
Freude, schöner Götterfunken, Tochter aus Elysium,	Wir betreten feuertrunken, Himmlische, dein Heiligtum.
John Maynard! »Wer ist John Maynard?« »John Maynard war	unser Steuermann, aushielt er, bis er das Ufer gewann,
Herr von Ribbeck auf Ribbeck im Havelland	ein Birnbaum in seinem Garten stand.
Zu Dionys, dem Tyrannen, schlich Damon, den Dolch im Gewande:	Ihn schlugen die Häscher in Bande. »Was wolltest du mit dem Dolche, sprich!«
Von drauß vom Walde komm ich her;	ich muss Euch sagen, es weihnachtet sehr!
Frühling lässt sein blaues Band	wieder flattern durch die Lüfte.
Wie jede Blüte welkt und jede Jugend dem Alter weicht, blüht jede Lebensstufe,	blüht jede Weisheit auch und jede Tugend zu ihrer Zeit und darf nicht ewig dauern.

Herr, es ist Zeit. Der Sommer war sehr groß. Leg deinen Schatten auf	die Sonnenuhren, und auf den Fluren lass die Winde los.
O schaurig ist's, übers Moor zu gehn,	wenn es wimmelt vom Heiderauche,
Festgemauert in der Erden	steht die Form aus Lehm gebrannt.

Kommen Sie im Anschluss darüber ins Gespräch, wie das mit dem Auswendiglernen so war. Und lassen Sie die Teilnehmenden zusammentragen, welche Gedichte sie noch auswendig können. Ich bin sicher, dass viele noch ein Gedicht zum Besten geben können.

Dauer: nur die Zuordnung dauert ca. 10 Minuten, das Gespräch länger

Material: ggf. einen Gedichtband

GEDÄCHTNISÜBUNG

GEDICHT AUSWENDIG LERNEN

Wie wäre es mit der Anregung, ein kleines Gedicht auswendig zu lernen? Das schult das Gedächtnis. Vielleicht gefällt Ihnen dieses?

Herbstbild

Dies ist ein Herbsttag, wie ich keinen sah!
Die Luft ist still, als atmete man kaum,
und dennoch fallen raschelnd, fern und nah,
die schönsten Früchte ab von jedem Baum.

O stört sie nicht, die Feier der Natur!
Dies ist die Lese, die sie selber hält,
denn heute löst sich von den Zweigen nur,
was vor dem milden Strahl der Sonne fällt.
Friedrich Hebbel

Drucken Sie das Gedicht für alle aus und geben Sie Zeit, es zu lernen. Oder stellen Sie die Aufgabe so, dass es beim nächsten Zusammenkommen aufgesagt werden soll.

Dauer: 10 Minuten

Material: das ausgedruckte Gedicht

BEWEGUNGSÜBUNG

Die Teilnehmenden sitzen in einem Stuhlkreis, haben also keine Tische vor sich stehen. Nun erzählen Sie vom Ernten und Einwecken und laden Sie die Teilnehmenden dazu ein, die Bewegungen mitzumachen, die ich Ihnen in Klammern an den entsprechenden Stellen vorschlage. Weitere Bewegungsmöglichkeiten fallen Ihnen gewiss selbst ein. Machen Sie selbst die Bewegungen am besten einfach vor, ohne sie weiter zu erklären. Das würde im Fluss der Erzählung eher stören.

DIE BOHNENERNTE – MIT BEWEGUNGEN

Heute ist das Wetter gerade richtig zum Ernten der Bohnen. Kein Wölkchen am Himmel *(bewegen Sie Ihren rechten Arm einmal von links unten nach rechts oben und beschreiben Sie dabei einen Bogen)*. Marga legt sich die alte Küchenschürze um *(ziehen Sie sich die imaginäre Schürze an)* und bindet sie auf dem Rücken zu einer Schleife *(das tun Sie nun auch)*.

Dann zieht sie sich die alten Gartenschuhe an. Zuerst den linken *(Sie heben den Fuß und tun so, als zögen Sie sich einen Schuh an)*, dann den rechten *(dito)*. Mit wenigen Schritten *(die Sie nun auf der Stelle gehen, aber besser ohne aufzustehen)* ist sie im Garten.

Die Bohnen haben gerade den richtigen Reifegrad. Wie viele Male muss man sich für eine Portion bücken und die Ernte in einen Korb füllen *(Sie bücken sich nach den Bohnen und legen Sie in einen Korb, der natürlich nicht da ist)*! Nach einiger Zeit sind die Büsche mit den Bohnen abgeerntet und der Korb kann ins Haus getragen werden. Aber das ist Marga viel zu schwer. Deshalb ruft sie ihren Mann *(Sie formen die Hände vor dem Mund zu einem Lautsprecher)*, der auch gleich herbeigeeilt kommt *(Sie machen auch seine Schritte nach)*. Margas Mann bringt den Korb in die Küche, wo die Bohnen gleich in die Spüle gekippt werden, damit sie dort gewaschen werden können *(machen Sie die Bewegung des Waschens nach)*. Mehrmals muss das Wasser gewechselt werden, denn da hat sich viel Sand an den Bohnen angesammelt. Nun werden die Bohnen ein paar Mal aufgeschüttelt, damit sie trockener werden *(greifen Sie in das Becken und tun so, als nähmen Sie die Bohnen auf)*. Nun geht es ans Abstribbeln.

Dauer: 5 Minuten

Material: die kleine Geschichte vom Bohnenernten und Einmachen

WIE KANN MAN FLEISCH KONSERVIEREN?

Lassen Sie die Teilnehmenden viele Möglichkeiten zusammentragen, wie man Fleisch konservieren kann. So könnte die Antwortliste aussehen:

- *einfrieren*
- *einkochen*
- *pökeln*
- *räuchern*
- *trocknen*
- *das Tier leben lassen*

Dauer: 5 Minuten

Material: ggf. ein Flipchart zum Notieren der Nennungen

BEWAHREN VON ERFAHRUNGEN UND ERLEBNISSEN

Fragen Sie die Teilnehmenden nach besonderen Erfahrungen und Erlebnissen, die sie gerne bewahren und austauschen möchten.

Erstellen Sie neun Karten, auf deren Rückseite die neun Buchstaben des Wortes »Erfahrung« stehen:

Verraten Sie den Titel des Erzählspiels noch nicht, sondern lassen Sie die Teilnehmenden zunächst die Buchstaben in die richtige Reihenfolge bringen, sodass das Wort »Erfahrung« entsteht. So könnten die Fragen auf der Rückseite aussehen:

- *Erzählen Sie von einem Bibelwort, das Sie begleitet hat und aus dem Sie immer wieder Mut und Kraft geschöpft haben.*

- *Erzählen Sie von einer besonderen Reise, die Ihnen unvergessliche Eindrücke geschenkt hat.*

- *Erzählen Sie von einem Menschen, der Ihren Weg lange begleitet hat und von dem Sie viel Gutes lernen konnten.*

- *Erzählen Sie von einem schönen Fest, das Sie einmal mit Freunden und Verwandten haben feiern können.*

- *Erzählen Sie von einem Konzert- oder Theaterbesuch, der Sie sehr beeindruckt hat und an den Sie noch gerne zurückdenken.*

- *Erzählen Sie von einer schönen Kirche, die Sie einmal besucht oder besichtigt haben, und schildern Sie den anderen Teilnehmenden, was Sie daran so sehr beeindruckt hat.*

- *Erzählen Sie von einer Landschaft, die Sie einmal im Urlaub oder bei einem Ausflug gesehen haben, und beschreiben Sie den anderen die Stimmung, in der Sie beim Anblick der Landschaft waren.*

- *Erzählen Sie von einem Lied oder einer Musik, die Sie sehr gerne mögen und womit Sie viel Schönes verbinden.*

- *Erzählen Sie von einem besonderen Moment, der etwas fast Magisches für Sie hatte und den Sie nicht vergessen können.*

Sie können natürlich auch andere Fragen wählen, aber wenn Sie der Idee vom Anfang folgen wollen, müssen es neun Fragen sein, weil das Wort aus neun Buchstaben besteht.

Wenn Sie an verschiedenen Tischen sitzen, lassen Sie die Gespräche an diesen Tischen stattfinden. Damit hinterher alle wieder zusammengeführt werden, sollten Sie dazu auffordern, dass von jedem Tisch ein oder zwei besondere Erfahrungen noch einmal allen erzählt werden.

Dauer: 30 Minuten

Material: das erstellte Spiel oder nur die Fragen

SAMMELAUFGABE / KREATIVES

SAMMLUNG

Fragen Sie die Teilnehmenden, was sie alles gesammelt haben. Von Briefmarken über Tassen, Streichholzschachteln und Bierdeckel werden Sie allerhand Dinge finden.

Wenn Sie die Teilnehmenden vor der Zusammenkunft sehen, fordern Sie dazu auf, etwas mitzubringen, was man sammelt. Vielleicht kann daraus eine kleine Ausstellung entstehen. Bringen Sie auf jeden Fall auch selbst etwas mit.

Auf dieser Internetseite http://www.sammeln.at/varia/kuriositaeten finden Sie eine Auflistung besonders kurioser Sammlungen.

Dauer: wenn nur erzählt wird 10 Minuten, bei einer kleinen Ausstellung erheblich länger

Material: ggf. die Ausstellungsstücke

SAMMELAUFGABE / GESPRÄCHSIMPULS

SYNONYME FÜR BEWAHREN

Auf der Internetseite »synonyme.woxikon.de« finden Sie viele Begriffe, die als Synonym für das Wort BEWAHREN genutzt werden können. Sie werden erstaunt sein über die Fülle. Sie können auch damit beginnen, dass die Teilnehmenden zuerst selbst solche Begriffe benennen, die man für BEWAHREN noch sagen könnte. So könnte die Liste aussehen:

- *Beibehalten*
- *Aufheben*
- *Konservieren*
- *Anhäufen*
- *Sammeln*
- *Hamstern*

Besonders das Stichwort »Hamstern« wird die Menschen der älteren Generation dazu anregen, von Hamstertouren nach dem Krieg zu erzählen. Überlegen Sie aber gut, ob Sie der Gruppe das Thema zumuten möchten, denn damit sind immer auch viele Erinnerungen an Not und Leid verbunden.

Link: http://synonyme.woxikon.de/synonyme/bewahren.php

Dauer: das Zusammentragen dauert höchstens 5 Minuten, das Erzählen viel länger

Material: ggf. ein Flipchart

GESPRÄCHSIMPULS

BEWAHREN VON ERINNERUNGEN

Viele Arbeiten, die die Menschen früher tun mussten, gibt es heute so fast gar nicht mehr. Junge Menschen können sich diese Arbeiten kaum noch vorstellen. Fragen Sie nach solchen Arbeiten und Aufgaben. Sie können die Fragen mit geeigneten Bildern noch unterstützen. Diese Fragen eignen sich gut:

- *Wie hat man sich früher mit Feuerung für den Winter versorgt?*

- *Wie ging das früher mit dem Melken?*

- *Wie hat man sich früher am Morgen gewaschen?*
- *Woher bekam man die Federn für das Bettzeug?*
- *Welche Umzüge gab es in Ihrem Ort?*

Dauer: 20 Minuten

Material: ggf. Bilder mit Fragen oder auch nur die Fragen

MONATSTHEMA NOVEMBER:
Sterben, Tod und Trauer

Mit den älteren Menschen über Sterben, Tod und Trauer zu sprechen, das ist oft von großen Ängsten und Vorbehalten geprägt. Nach meiner Erfahrung ist es aber so, dass die älteren Menschen in solchen Gruppen, die miteinander vertraut sind, gerne über diese Thematik sprechen. Häufig unterbleiben diese Gespräche in den Familien, weil die jüngeren Menschen sich vor der Auseinandersetzung mit dem Thema fürchten. Dennoch – wenn Sie dieses Thema wählen, sollten Sie es vorher ankündigen, damit diejenigen, die nicht darüber sprechen und sich auch nicht damit auseinandersetzen möchten, sich gut überlegen können, ob sie an diesem Treffen teilnehmen oder nicht. Wählen Sie auf keinen Fall solche Methoden, bei denen jeder und jede etwas dazu sagen muss.

EIGENE ANNÄHERUNG AN DAS THEMA

Wie gehen Sie selbst mit den Gedanken an Sterben, Tod und Trauer um? Können Sie in diesem Zusammenhang über Ihre Einstellung sprechen? Wenn Sie erst kürzlich in Ihrem persönlichen Umkreis einen Trauerfall zu beklagen hatten oder damit viele schwere Gedanken verbinden, sollten Sie das Thema nicht wählen, jedenfalls nicht zu diesem Zeitpunkt. Überlegen Sie, ob Sie zu dieser Thematik den Pfarrer oder die Pfarrerin, den Diakon oder die Diakonin um Mithilfe bitten wollen, die ja doch einen theologisch fundierten Wissensstand und viel Seelsorgeerfahrung dazu haben. Vielleicht können Sie auch einen Bestatter einladen, der von seiner Arbeit erzählt. Sie sollten aber in einem Vorgespräch klären, was Sie erwarten und was Sie nicht möchten.

GESPRÄCHSIMPULS

IMPULSFRAGEN ZUM EINSTIEG

Schauen Sie sich die folgenden Fragen gut an, um dann entscheiden zu können, welche davon Sie Ihrer Gruppe zumuten können und wollen. Nicht alle sind für alle Gruppen und alle Teilnehmenden geeignet.

- *Wann wurden Sie zum ersten Mal in Ihrem Leben mit dem Tod konfrontiert?*
- *Wie würden Sie den Satz ergänzen: Der Tod ist wie …*
- *Weinen Sie bei Beerdigungen? Nur bei nahen Angehörigen oder eigentlich immer?*
- *Haben Sie ein Testament gemacht?*
- *Möchten Sie, dass lebensverlängernde Maßnahmen getroffen werden, wenn Sie so krank sind, dass Sie sicher nicht wieder gesund werden? Wissen das Ihre Angehörigen?*
- *Was ärgert Sie bei Beerdigungen?*
- *Wenn Sie mit einem Toten allein im Zimmer wären, würden Sie sich fürchten?*
- *Würden Sie nachts auf einen Friedhof gehen?*

- *Haben Sie einen besonderen Wunsch für Ihre Beerdigung und wissen Ihre Angehörigen darüber Bescheid?*

- *Worüber soll der Pfarrer bei Ihrer Beerdigung sprechen? Weiß er das? Haben Sie es aufgeschrieben?*

- *Soll eine Anzeige in der Zeitung stehen, wenn Sie gestorben sind?*

- *Wo möchten Sie beerdigt werden? Haben Sie das geregelt?*

- *Möchten Sie irgendetwas Bestimmtes mitnehmen auf Ihre letzte Reise?*

- *Was möchten Sie im Sarg anhaben? Weiß das jemand?*

- *Wie würden Sie diesen Satz vervollständigen? Sterben ist wie …*

- *Haben Sie eine Vorstellung davon, wie es nach dem Tod weitergehen könnte?*

- *Manche Menschen hoffen ja, im Jenseits ihre Lieben wiederzusehen. Glauben Sie das auch?*

- *Was glauben Sie, warum wollen so viele Menschen nichts vom Tod hören?*

- *Warum trauern wohl so viele Menschen mit, wenn ein berühmter Mensch gestorben ist? (Lady Diana, Michael Jackson …)*

- *Manche Völker feiern ein Fest, wenn jemand gestorben ist. Wie geht es Ihnen bei diesem Gedanken?*

- *Welches Lied oder Bibelwort tröstet Sie angesichts des Todes?*

- *Welches Lied aus dem Evangelischen Gesangbuch oder dem Gotteslob finden Sie bei einer Beerdigung tröstlich?*

Sie können die Fragen auf Kärtchen schreiben und an den Tischen auslegen oder Sie stellen die Fragen, die Sie ausgewählt haben, nacheinander an die ganze Runde.

Dauer: je nach Anzahl der Fragen, rechnen Sie pro Frage mit 5 Minuten
Material: die Fragen oder Kärtchen mit den Fragen

GAST

EINLADUNG HOSPIZDIENST

Die ambulanten und die stationären Hospize, die es bei uns zum Glück inzwischen flächendeckend gibt, bieten sich gerne an, in den verschiedenen Gruppen über ihre Arbeit zu erzählen. Nach meiner Erfahrung in der Zusammenarbeit mit Hospizen trifft man dort immer auf solche Männer und Frauen, die sich intensiv mit der Thematik auseinandergesetzt haben und sehr liebevoll und tröstlich vom Sterben erzählen können. Sie stellen die Wünsche und Bedürfnisse der Sterbenden in den Vordergrund und versuchen, diese zu verwirklichen. »Leben bis zuletzt« – diese Haltung steht über ihrem Denken und Handeln.

Laden Sie also jemanden aus der Hospizarbeit ein und bitten Sie darum, vom Alltag in einem Hospiz zu erzählen. Da die Hospizarbeit zu einem gewissen Prozentsatz aus Spenden finanziert werden muss, freuen sich die Mitarbeitenden, wenn Sie ein kleines Honorar zahlen können. Vielleicht bietet es sich auch an, ein Projekt zu starten, das die Arbeit des Hospizes regelmäßig unterstützt.

Sammeln Sie vor dem Besuch des Hospizes mit Ihren Teilnehmenden Fragen, die diese gerne beantwortet haben möchten. Das kann auf Zetteln geschehen, die mit den Fragen beschriftet wurden, oder per Zuruf erfolgen und Sie schreiben die Wünsche dann auf, die Sie dann vorher an den Gast leiten können, damit der sich auf die Fragen einstellen kann.

Ich habe solche Veranstaltungen verschiedentlich angeboten und immer wieder die Erfahrung gemacht, dass viele der älteren Menschen sehr dankbar dafür waren, die Informationen aus ersten Hand zu erhalten und so kompetent und liebevoll Auskunft zu bekommen.

Dauer: mindestens 45 Minuten

Material: ggf. Flyer oder Bildmaterial aus dem Hospiz

MEDITATIVES

RITUALE ZUM GEDENKEN AN VERSTORBENE TEILNEHMERINNEN UND TEILNEHMER DER RUNDE

In vielen Seniorenkreisen gibt es liebevolle Rituale, die eingehalten werden, wenn jemand verstorben ist, der zum Kreis gehörte. Hier einige Beispiele dazu:

- *Eine Blume und/oder eine Kerze wird auf den Platz gestellt, auf dem der Verstorbene immer gesessen hat*

- *Es gibt ein Buch, in dem Fotos aller Teilnehmenden eingeklebt sind. Die jeweils rechte Seite bleibt frei, und wenn jemand verstorben ist, werden Geburts- und Sterbedatum und die Tageslosung auf die rechte Seite geschrieben.*

Diese Idee ist besonders in Altenpflegeheimen eine schöne Anregung, die dazu beiträgt, dass niemand das Gefühl haben muss, einfach vergessen zu werden.

♦ *Um den Ewigkeitssonntag oder um Allerseelen herum werden noch einmal die Namen derer verlesen, die im vergangenen Jahr aus der Runde des Seniorenkreises bzw. des Altenpflegeheimes verstorben sind.*

♦ *Wenn jemand verstorben ist, nimmt sich die Gruppe zu Beginn des nach dem Todesfall stattfindenden Treffens Zeit, sich noch einmal gemeinsam an den Verstorbenen zu erinnern, gemeinsame Erlebnisse auszutauschen und ihm oder ihr eine gute Reise zu wünschen.*

Achten Sie auf jeden Fall darauf, das gewählte Ritual bei jedem, der aus Ihrer Runde verstorben ist, auf die gleiche Art und Weise zu gestalten, damit es nicht zu dem Eindruck kommt, es gäbe beliebte und weniger beliebte Teilnehmende.

ZUSAMMENTRAGEN VON WISSEN

BRÄUCHE RUND UM STERBEN, TOD UND TRAUER

In vielen Gegenden gibt es ganz verschiedene Bräuche, die streng eingehalten werden, wenn jemand verstorben ist. Lassen Sie die Teilnehmenden zusammentragen, welche dieser Bräuche sie kennen und möglicherweise auch befolgt haben. Diese Nennungen könnten vorkommen:

♦ *Der Spiegel muss verhängt werden, wenn jemand im Haus gestorben ist. Man glaubt, der Verstorbene könne nicht gehen, solange er sich im Spiegel sieht, weil er so lange an der irdischen Eitelkeit hängt.*

- *Das Fenster wird geöffnet, wenn jemand gestorben ist. Man glaubt, man müsse der Seele einen Weg ins Freie öffnen, damit sie in den Himmel aufsteigen kann.*

- *Der Verstorbenen bekommt eine Münze auf die Zunge gelegt. Dieses Geld braucht er möglicherweise, um den Fährmann beim Übersetzen über den Hades zu bezahlen.*

- *Wenn das Käuzchen ruft, stirbt bald jemand.*

- *Besonders in Schleswig-Holstein gibt es bei den großen Bauernhöfen Türen im Haus, die nur dann benutzt werden, wenn ein Verstorbener aus dem Haus getragen wird. Vor dem Verlassen des Grundstückes drehen sich die Träger noch einmal um, damit der Verstorbene den Weg zurück nicht finden kann und nicht zu einem Wiedergänger wird.*

- *In Italien macht man einen großen Umweg, um nicht den Weg queren zu müssen, den ein Leichenzug gegangen ist.*

Dauer: 15 Minuten

Material: keines

INFORMATION

In unserem thematischen Zusammenhang ist auch eine ausführliche Information über Vorsorgemöglichkeiten wie Patientenverfügung, Betreuungsverfügung und Vorsorgevollmacht wichtig. Dazu bieten die Städte und Kommunen meist kostenlos Informationsveranstaltungen an. Oft können oder wollen die älteren Menschen aber nicht zu diesen Veranstaltungen gehen. Laden Sie deshalb diejenigen zu sich in die Runde ein, zu deren Aufgabe es ja gehört, zu informieren. Nehmen Sie sich viel Zeit für die Vorträge der Fachleute und geben Sie ausreichend Zeit für Nachfragen.

Gut wäre es auch, zu einer solchen Veranstaltung auch die Angehörigen der älteren Menschen einzuladen. Auch ein Arzt wäre hier ein guter Referent, besonders wenn es um die Patientenverfügung geht, weil er fachliche Fragen am besten beantworten kann. Gerne übernehmen das auch die Palliativpfleger, die es in vielen Sozialstationen inzwischen gibt. Die beiden großen christlichen Kirchen haben zur Patientenvorsorge eine sehr gute Broschüre herausgegeben, die Sie hier für Ihre Teilnehmenden auch bestellen können.

Kirchenamt der EKD
Herrenhäuser Str. 12
30419 Hannover

Fax: 0511/2796-457, Mail: versand@ekd.de

Kosten: 0,27 Euro zzgl. Porto und Versandkosten.

Erfahrungsgemäß reicht es nicht, die Menschen über diese Möglichkeit zu informieren, weil das Bestellen der Broschüre dann doch oft unterbleibt. Und bei den niedrigen Kosten kann Ihre Einrichtung das sicherlich gerne übernehmen.

Dauer: Die Information über die drei Vorsorgemöglichkeiten dauert mindestens zwei Stunden. Sie sollten also besser zwei Veranstaltungen daraus machen.

Material: Das Material wird von den Referenten meist kostenlos mitgebracht. Geben Sie vorher die Zahl der Teilnehmenden durch. Die Broschüren müssten Sie vorher bestellen.

NOTFALLMAPPE

Herausgegeben vom Versorgungsnetz Gesundheit e.V. gibt es eine gut aufbereitete Notfallmappe, in der alle wichtigen Informationen über einen Patienten übersichtlich gesammelt und abgeheftet werden können. Es ist eine Ringmappe mit 35 Blättern und diversen Vorlagen. Sie sind in einem Notfall eine wichtige Quelle für Informationen zu dem Menschen, der überraschend oder auch geplant ins Krankenhaus muss. Informieren Sie Ihre Teilnehmenden über diese Mappe, zeigen Sie ein Probeexemplar herum und bieten Sie sich an, die Mappe für Interessierte zu bestellen. Hier ist die ISBN: 978-3-7308-1085-9. Die Mappe kostet 10 Euro.

Das Ausfüllen ist mit vielen sehr persönlichen Überlegungen verbunden und sollte deshalb nicht in der Gruppe erfolgen.

Dauer: für das Vorstellen 30 Minuten

Material: zumindest ein Exemplar der Mappe

GESPRÄCHSIMPULS / DISKUSSION

HILFE UND ZUSÄTZLICHE BESCHWERNIS

Gerade im Zusammenhang mit Sterben, Tod und Trauer erlebe ich es häufig so, dass die Betroffenen noch zusätzlich dadurch belastet werden, dass von außen vielerlei Erwartungen an sie gestellt werden, wie man richtig stirbt, die Beerdigung richtig gestaltet wird und wie man richtig trauert. Sterben, Tod und Trauer sind aber nach meiner Auffassung sehr individuelle Erfahrungen, die jeder und jede so erleben und gestalten können sollte, wie er oder sie es möchte, nicht wie es die Nachbarschaft oder der Bekanntenkreis erwartet. Lassen Sie die Teilnehmenden an den Tischen, an denen jeweils fünf oder sechs Gesprächspartner sitzen, zusammentragen, was ihnen in unserem thematischen Zusammenhang geholfen hat und was sie zusätzlich belastet hat. Teilen Sie dazu große Blätter Papier und rote und grüne Filzstifte aus, die schön dick schreiben. In Rot soll aufgeschrieben werden, was belastet hat, in Grün, was geholfen hat. Wenn ich diese Diskussion in Gruppen angeregt habe, kamen diese Nennungen zusammen:

Geholfen hat:

- *Eine den Wünschen entsprechende Gestaltung der Beerdigung*
- *Eine große Trauergesellschaft*
- *Viele Kränze mit Schleifen*
- *Viele Teilnehmende beim Leichenschmaus*
- *Liebevoll geschriebene Kondolenzbriefe*
- *Der Besuch des Pastors/der Pastorin*
- *Eine Suppe, die eine Nachbarin gekocht hat*
- *Dass man mich einfach in Ruhe gelassen hat*
- *Dass ich überallhin eingeladen worden bin*
- *Dass ich immer wieder erzählen konnte, was passiert ist*
- *Dass an meiner schwarzen Kleidung jeder gleich sehen konnte, dass ich in Trauer bin*

Belastet hat:

- *Die vielen Menschen bei der Beerdigung*
- *Dass sich niemand um mich gekümmert hat*
- *Dass Leute die Straßenseite gewechselt haben, wenn ich dort entlanggelaufen bin*
- *Dass ich auf einmal nicht mehr dazugehörte*
- *Dass ich immer wieder erzählen sollte, was passiert ist*
- *Dass dauernd jemand zu Besuch gekommen ist*
- *Die vielen nichtssagenden Kondolenzkarten*
- *Dass die Leute genau beobachtet haben, was ich tue oder lasse*
- *Dass ich so lange schwarze Kleidung tragen musste*

Sie können meine Vorgaben nutzen, um Anregungen zu geben, sollten aber nicht zu schnell eingreifen, sondern die Menschen erst einmal in Ruhe ihre eigenen Gedanken finden lassen.

Wenn die beiden Listen fertiggestellt worden sind, sollten sie jeweils vorgestellt werden, aber noch nicht kommentiert. Mir ist dabei wichtig, dass Folgendes deutlich wird: Was dem einen hilft, ist dem anderen eine Last. Viel zusätzliche Beschwernis entsteht in Trauerfällen dadurch, dass andere genau wissen, was für mich gut und richtig ist, und mich nicht selbst meinen Weg finden lassen.

Dauer: 30 Minuten dauert das Zusammentragen in der Kleingruppe, 5 Minuten die Präsentation der Ergebnisse und noch einmal 15 Minuten das Gespräch

Material: großformatiges Papier, grüne und rote Stifte

BLICK AUF UNGEWÖHNLICHE TODESANZEIGEN

Wenn Ihre Gruppe Zugang zu dieser zumindest ungewöhnlichen Form von Humor hat, können Sie auf der Internetseite http://www.todesanzeigensammlung.de/ skurrile Anzeigen finden, die viel von dem verraten, was Menschen angesichts des Todes in die Zeitung setzen. Überlegen Sie aber vorher gut, ob das für Ihre Gruppe eine geeignete Möglichkeit ist.

Dauer: 15 Minuten

Material: die ausgedruckten Anzeigen

ZUM VORLESEN / GESPRÄCHSIMPULS

GESCHICHTE ZUM VORLESEN UND ZUM GESPRÄCH

Die Geschichte von einem Zwillingspärchen, das sich im Bauch der Mutter unterhalten kann, eignet sich aus meiner Sicht gut, um über die Gedanken um Sterben und Tod ins Gespräch zu kommen. Es gibt sie in unterschiedlichen Versionen. Die des Hospiz-Vereins Bergstraße e.V. gefällt mir am besten (siehe Link).

Lassen Sie die Geschichte zunächst auf sich selbst wirken und geben Sie auch Ihren Teilnehmenden nach dem Zuhören eine Weile Zeit, um die Gedanken zu sammeln. Dann wird das Gespräch von ganz allein beginnen.

Link: http://www.hospiz-verein-bergstrasse.de/TEX_TROS.HTM

Dauer: reine Vorlesezeit ca. 5 Minuten; Gespräch je nach Verlauf

Material: die Geschichte

MONATSTHEMA DEZEMBER:
Bräuche in der Advents- und Weihnachtszeit

Der Dezember ist traditionell der Monat mit den Advents-feiern. Die älteren Menschen freuen sich über hübsch de-korierte Räume und liebevoll vorbereitete Stunden in der Gemeinschaft. Um nicht zu unübersichtlich zu werden, ist es hilfreich, sich jeweils ein Motto zu wählen, um das herum sich Lieder, Geschichten, Informationen und Beiträge ranken. Ich habe als Motto die Bräuche in der Advents- und Weih-nachtszeit gewählt. Dazu schlage ich Ihnen einiges an An-regungen vor. Ergänzungen werden Sie leicht selbst finden.

EIGENE ANNÄHERUNG AN DAS THEMA

Wie gestalten Sie selbst die Adventszeit für sich und Ihre Lieben? Welche Bräuche gibt es in Ihrer Familie und in Ih-rem Ort oder Ihrer Stadt? Welche Veranstaltungen bietet Ihre Region, die Sie vielleicht mit Ihren Teilnehmenden besuchen könnten? Welche Möglichkeiten zur Advents-bäckerei bieten die Räumlichkeiten, in denen Sie sich tref-fen? Wenn viele Ihrer Teilnehmenden alleine leben oder Sie Ihr Angebot in einer Einrichtung der Altenpflege machen, sollten Sie noch einmal mehr mit besonderer Sensibilität an das Thema herangehen, weil die Advents- und Weih-nachtszeit mit ihrem Bild von Familienidylle eben auch eigene Einsamkeit schmerzlich bewusst macht.

Der Nikolaus gehört sicherlich zu den Figuren, um die herum sich viele Bräuche ranken. Dazu eine kleine Geschichte in plattdeutscher Sprache, die aus meiner Feder stammt.

De Nikolaus

At ik noch een lüttje Deern weer, dor hebbt mine Ollern mi notürlich ok vertellt, dat in de Nacht von den 5. up den 6. Dezember de Nikolaus kummt. Wi wohnden to de Tiet in een lüttjet Buernhus up't Land in den 1. Stock.

Un dormit de Nikolaus ok to weten kriegen schull, dat hier een lüttje Deern wohnde, schull ik denn Heu un eene Wuddel för den Esel von den Nikolaus von buten up de Fensterband hennleggen. He wull dat denn woll finnen un mi gewiss ok wat feinet henstellen.

Domols kreech man jo to Nikolaus man blots Schlickerkroms un viellicht mol een Kortenspeel oder een Billerbook. Vondogen vertellt de Kinner, se hebbt to Nikolaus een neet Fohrrad kregen. Wohrschienlich bringt de Wihnachtsmann eer een egen Wohung.

Na ja, de ersten Johrn hebbt ik denn ohne dor veel öber nohtodenken de Wuddel un dat Heu dor up dat Finsterbret hennleggt. Ober at ik denn in de School keem, mokte ik mi do ümmer mehr Gedanken um. Wo kunn de Nikolaus denn woll fleegen? Dat kunn doch gornich angohn. Un von unnen vör't Hus kunn man dor nix von sehen, wat dor boben leeg. Un wo kunn he dat öberhaupt schaffen, to all de Kinner to komen? So veel Tiet harr de jo gornich an den eenen Obend.

Denn Blick up de ganze Welt harr ik jo domols noch gornich, ober alleen to all Kinner in miene School to komen, dat gung doch gornich.

So hebb ik denn bi mi beschloten, ik wull nich schlopen gohn un dat mit eegen Ogen sehn. Blots to'n Schien gung ik no Bett henn, mokte de Ogen dicht – ok blots to'n Schien un hebb mi sulben Geschichten vertellt. Un at ik kiene Geschichte mehr wusst hebbt, hebb ik mit Märchen wietermokt. Dornröschen fullt mi in, dat moch ik so girn. Un at denn all de Lü up den Königshoff inschlopen sünd, dor bün ik denn woll ok inschlopen.

Heu un Wuddeln wern weg un een lüttjet Geschenk leeg dor för mi.

Sü, un so weet ik dat vondogen noch nich, wo dat geiht mit den Nikolaus un de veelen Kinner. Ik hebb dacht, een von jo kunn mi dat woll mol verkloren.

Hier für die Auswärtigen auch noch einmal auf Hochdeutsch.

Der Nikolaus

Als ich noch ein kleines Mädchen war, haben meine Eltern mir natürlich auch erzählt, dass in der Nacht vom 5. auf den 6. Dezember der Nikolaus kommt. Wir wohnten damals in einer kleinen Bauernkate auf dem Land, und zwar im ersten Stock. Und damit der Nikolaus auch wirklich wissen konnte, dass hier oben ein kleines Mädchen wohnt, sollte ich Heu und eine Wurzel für den Esel von draußen auf die Fensterbank legen. Gewiss würde der Nikolaus die Gaben finden und mir dafür etwas Schönes hinstellen.

Damals brachte der Nikolaus ja nur Süßigkeiten und vielleicht mal ein kleines Kartenspiel oder ein Bilderbuch. Heute erzählen die Kinder, dass sie vom Nikolaus ein neues Fahrrad bekommen haben. Wahrscheinlich bringt der Weihnachtsmann dann auch bald eine eigene Wohnung.

Na ja, in den ersten Jahren habe ich ohne viel nachzudenken Wurzel, Heu und Milch auf das Fensterbrett gelegt. Aber als ich dann in die Schule kam, machte ich mir immer mehr Gedanken darüber, wie denn das alles mit rechten Dingen zugehen konnte. Konnte denn der Nikolaus fliegen? Das war doch gar nicht möglich! Und von unten vor dem Haus konnte man doch gar nicht sehen, dass hier oben auf dem Fensterbrett etwas liegt. Und wie könnte der Nikolaus es überhaupt schaffen, an dem einen Abend zu allen Kindern zu kommen. So viel Zeit hatte er doch an einem einzigen Abend gar nicht.

Den Blick auf die große weite Welt hatte ich damals noch nicht, aber allein zu allen Kindern in meiner Schule zu kommen erschien mir für den Nikolaus unmöglich.

So beschloss ich, mich mit eigenen Augen davon zu überzeugen, was da in der Nacht vor sich gehen würde. Nur zum Schein ging ich ins Bett, machte die Augen zu – auch bloß zum Schein, und dann habe ich mir selbst Geschichten erzählt, um wach zu bleiben. Und als mir keine Geschichten mehr einfielen, habe ich mich an die Märchen erinnert, die mir Großmutter neulich vorgelesen hatte. Dornröschen kam mir als Erstes in den Sinn, denn dieses Märchen gefiel mir so gut.

Die Stelle, an der alle Menschen auf dem Königshof eingeschlafen sind, das muss der Moment gewesen sein, an dem ich auch einschlief.

Am nächsten Morgen waren Heu, Wurzeln und Milch weg und ein kleines Geschenk lag dort für mich. Es war ein Kartenspiel mit Motiven aus der Vogelhochzeit.
Ja, und deshalb weiß ich es bis heute immer noch nicht, wie das mit dem Nikolaus und den vielen Kindern geht. Ich dachte, hier bei Ihnen sei vielleicht jemand, der mir das einmal erklären könnte.

Dauer: 5 Minuten Vorlesezeit

Material: die Geschichte

GESPRÄCHSIMPULS

AUFFORDERUNG ZUM ERZÄHLEN

Am Ende des Vorlesens der Geschichte kann man gut die Frage in die Runde geben, wie denn die einzelnen Teilnehmenden es herausbekommen haben, dass es den Nikolaus oder den Weihnachtsmann gar nicht gibt. Seien Sie sicher, es ist immer ein Scherzbold dabei, der bemerkt, wieso man denn auf die Idee käme, dass es den NICHT gibt.

Dauer: ca. 15 Minuten

Material: keines

ZUSAMMENTRAGEN VON WISSEN

BRÄUCHE IN ANDEREN LÄNDERN

Unter der Internetseite »www.kirchenweb.at« finden Sie viele Bräuche rund um die Adventszeit in anderen Ländern. Daraus lässt sich schnell ein kleiner Vortrag zusammenstellen, der den Blick über den eigenen Tellerrand öffnet. Vielleicht leben in Ihrem Umkreis Menschen, die gerne von eigenen Bräuchen erzählen mögen. Das ist natürlich viel lebendiger als ein Vortrag, weil man auch Fragen stellen kann.

Link: http://www.kirchenweb.at/christkind/weihnachtsbrauchtum/weihnachtsbraeuche.htm

Dauer: bei einem Vortrag ca. 10 – 15 Minuten, bei Gästen viel länger

Material: die Informationen für den Vortrag

QUIZ

Zum Rätsel in der Runde oder zum Mitgeben nach Hause habe ich Ihnen noch ein Quiz erstellt, in dem Fragen zur Advents- und Weihnachtszeit stehen. Gerne nehmen die älteren Menschen so ein Quiz mit nach Hause, um dort die Angehörigen zu befragen. Nutzen Sie die Rückseite des Blattes gleich zu einer Auflistung aller Angebote Ihrer Gemeinde oder Ihres Stadtteils für ältere Menschen. Zu den Adventsfeiern kommen ja immer recht viele Menschen; so können Sie versuchen, sie auch das Jahr über verstärkt anzusprechen. Hier nun die Fragen:

1. *Von welcher Stadt war der Nikolaus Bischof? (Myra)*

2. *Was brachten die Weisen aus dem Morgenland mit zur Krippe? (Gold, Weihrauch, Myrrhe)*

3. *Wie hieß der König zur Zeit der Geburt Jesu? (Herodes)*

4. *Wie hieß der Kaiser in Rom zur Zeit der Geburt Jesu? (Augustus)*

5. *Wer kommt von drauß' vom Walde her? (Knecht Ruprecht)*

6. *Wer verkündigte den Hirten auf dem Felde die Ankunft des Jesuskindes? (Der Engel)*

7. *Wie geht es weiter: »Markt und Straßen stehn verlassen …«? (still erleuchtet jedes Haus)*

8. *Wie viele Adventssonntage gibt es? (vier)*

9. *In welchem Ort wurde Jesus geboren? (Bethlehem)*

10. *Wer oder was zeigte den Weisen aus dem Morgenland den Weg zur Krippe? (der Stern)*

Vergeben Sie für jede richtige Antwort einen Punkt und schreiben Sie zu den Punkten noch diesen Text darunter:

5 Punkte – *Bei Ihnen ist wohl noch Sommer?*

7 Punkte – *Immerhin sieht man bei Ihnen schon ein Sternchen!*

9 Punkte – *Sie haben bestimmt heimlich geübt!*

10 Punkte – *Geben Sie es zu – Sie sind der Weihnachtsmann!*

Dauer: 10 Minuten

Material: das ausgedruckte Quiz

BRÄUCHE IN DEN FAMILIEN DER TEILNEHMENDEN

Suchen Sie sich schöne Weihnachtskarten aus und beschriften Sie die Rückseiten mit Fragen. Die Karten liegen mit der Bildseite nach oben auf dem Tisch. Nun zieht ein Teilnehmer eine Karte, liest die Frage vor und die Runde kommt darüber mit den anderen ins Gespräch.

So könnten die Fragen lauten:

- *Welchen Brauch in der Adventszeit mögen Sie besonders gerne?*

- *Wie haben Sie früher den Tannenbaum geschmückt?*

- *Welches Gebäck durfte bei Ihnen in der Weihnachtszeit nicht fehlen?*

- *Welchen Gottesdienst haben Sie meistens besucht?*
- *Haben Sie als Kind oder Jugendliche(r) einmal in einem Krippenspiel mitgewirkt?*
- *Was gab es am Heiligen Abend bei Ihnen traditionell zu essen?*
- *Welches Essen gehörte zu den Weihnachtstagen?*
- *Wie haben Sie die Weihnachtstage meistens verbracht?*
- *Wie halten Sie es mit der Weihnachtspost?*
- *Erzählen Sie von einem besonders schönen Geschenk zu Weihnachten!*
- *Erzählen Sie von einem missglückten Geschenk zu Weihnachten!*
- *Welche Bräuche gab es am Heiligen Abend in der Landwirtschaft?*
- *Mussten Sie als Kind Gedichte aufsagen? Kennen Sie noch welche? Wir hören gerne zu!*
- *Wie war das bei Ihnen, wenn sich am Heiligen Abend die Weihnachtsstube öffnete?*
- *Wurde bei Ihnen zu Weihnachten musiziert? Welche Instrumente und Stücke gab es?*

Dauer: 30 Minuten

Material: die Weihnachtskarten mit den Fragen auf der Rückseite

LEBENDIGER ADVENTSKALENDER

In vielen Gemeinden gibt es inzwischen den Brauch, einen lebendigen Adventskalender zu gestalten. Dabei übernimmt jeweils eine Gruppe oder Familie einen Tag im Advent, um zu einer bestimmten Uhrzeit zu einer selbst gewählten Aktivität einzuladen. Sorgen Sie dafür, dass auch der Kreis der älteren Menschen eine Veranstaltung gestalten kann. Darin sollten die älteren Menschen dann die Gelegenheit nutzen, von den Bräuchen aus ihrer eigenen Kindheit zu erzählen.

Diese Internetseite bietet gute Informationen und eine schöne Ideensammlung: http://www.lebendiger-adventskalender.de/

Dauer: Planen Sie viel Zeit für die Vorbereitung ein

Material: abhängig von der gewählten Veranstaltung

DER ETWAS ANDERE ADVENTSKALENDER

Vor allem für die Kinder ist der Adventskalender eine gute Möglichkeit, die Wartezeit vor Weihnachten zu strukturieren. Allerdings ist es dabei ja so, dass man jeden Tag etwas bekommt. Bei diesem Adventskalender ist es aber so, dass man an jedem Tag eine kleine Aufgabe gestellt bekommt, die einem anderen Menschen oder Ihnen selbst eine Freude bereiten soll. Auf der Internetseite »www.adventskalender-basteln.me« finden Sie eine Bastelanleitung für einen Adventskalender, den Sie mit den alternativen

Ideen befüllen können. Schreiben Sie dazu auf die jeweils unteren Streifen die Aufgabe, die für diesen Tag vorgesehen ist, und nähen oder kleben Sie dann den oberen Streifen als Sichtschutz darüber, damit man noch nicht sehen kann, wie die Aufgabe für die nächsten Tage formuliert ist. So könnten die Aufgaben aussehen:

1. *Schreiben Sie heute eine Karte mit dem Wunsch für eine gesegnete Adventszeit an jemanden, der damit sicherlich nicht rechnet.*

2. *Besuchen Sie heute eine Nachbarin oder einen Nachbarn, der sich darüber freuen würde.*

3. *Kaufen Sie in einem Laden einen kleinen Nikolaus und schenken ihn einem Kind, das Ihnen über den Weg läuft.*

4. *Rufen Sie jemanden an, den Sie lange nicht gesprochen haben.*

5. *Backen Sie heute Weihnachtsgebäck und verschenken Sie die Hälfte davon.*

6. *Verschenken Sie heute an die örtliche Tafel für Bedürftige eine Tafel Schokolade, die für die Ehrenamtlichen dort bestimmt ist.*

7. *Sprechen Sie heute einem unbekannten Menschen ein Lob aus bezüglich seines Lächelns, seiner Kleidung, seiner Frisur. Ihnen wird schon etwas einfallen.*

8. *Loben Sie heute die Kassiererin im Supermarkt für ihre schnelle Arbeit.*

9. *Heben Sie heute ein Papier oder ein Stück Plastik auf, das jemand achtlos weggeworfen hat.*

10. *Kaufen Sie heute einen kleinen Weihnachtsstern für sich selbst.*

11. *Heute Abend setzen Sie sich eine halbe Stunde vor eine Kerze und überlegen, wofür Sie dankbar sind.*

12. *Lassen Sie in Gedanken die Menschen an sich vorüberziehen, denen Sie etwas zu verdanken haben.*

13. *Hängen Sie heute an die Tür einer Nachbarin oder eines Nachbarn einen anonymen Gruß.*

14. *Schreiben Sie Ihrem Pastor oder Ihrer Pastorin einen Kartengruß mit guten Wünschen für viel Kraft in dieser für ihn oder sie arbeitsintensiven Zeit.*

15. *Holen Sie sich einen kleinen Tannenzweig ins Haus und freuen Sie sich über seinen Duft.*

16. *Überlegen Sie sich heute ein kleines Geschenk für jemanden, über den Sie sich eigentlich geärgert haben.*

17. *Kochen Sie heute etwas, das es bei Ihnen lange nicht gab.*

18. *Wie wäre es heute Abend mit einem Glühwein oder alkoholfreiem Punsch? Vielleicht kommt die Nachbarin gerne für ein halbes Stündchen dazu?*

19. *Heute putzen Sie die Wohnung nicht, sondern setzen sich mit einer schönen Tasse Tee in Ihren Lieblingssessel.*

20. *Beim Einkaufen schenken Sie heute der Verkäuferin ein Stück Schokolade, weil sie immer so nett ist.*

21. *Wenn heute das Wetter es zulässt, machen Sie einen kleinen Spaziergang ums Viertel.*

22. *Nun bekommt noch jemand einen Weihnachtsgruß, der sicherlich nicht damit rechnet.*

23. *Halten Sie für den gestressten Postboten einen kleinen Weihnachtsgruß bereit.*

24. *Bevor es Heiligabend wird, nehmen Sie sich noch eine kleine Auszeit und überlegen, was Sie sich für die Weihnachtstage wünschen und was Sie dafür tun können.*

Link: http://adventskalender-basteln.me/adventskalender-basteln/abriss-adventskalender-fuer-erwachsene/

Dauer: Die Herstellung des Kalenders nimmt sicherlich viel Zeit in Anspruch, die Verteilung und die Erklärung dessen, wie er gedacht ist, dauert 10 Minuten.

Material: die 24 Aufgaben auf Papierstreifen, Papierstreifen zum Abdecken, eine Nähmaschine und Nähgarn, eine Schere

Fragen Sie unbedingt bei der ersten Zusammenkunft im neuen Jahr danach, wie es den Teilnehmenden mit dem Kalender ergangen ist und welche Erfahrungen sie damit gemacht haben. Rechnen Sie damit, dass es eine muntere Runde wird.

ZUSATZTHEMEN
Einheiten ohne
jahreszeitliche Zuordnung

Zeit

Die Zeit gehört zu unserem Leben wie Essen und Trinken, wie Schlafen und Aufstehen, wie Arbeit und Ruhe. Aber wie nutzen wir unsere Zeit? Womit beschäftigen wir uns? Wie strukturieren wir unsere Zeit? Wie verändert der Ruhestand den Blick auf die Zeit? Ist Zeit Geld?

EIGENE ANNÄHERUNG AN DAS THEMA

Wie gehen Sie mit Ihrer Zeit um? Was gab es in Ihrem Leben für schöne oder schwere Zeiten, von denen Sie auch in der Runde erzählen mögen? Was halten Sie für Zeitverschwendung und wofür investieren Sie gerne Zeit? Gibt es in Ihrer Nähe einen Uhrmacher, der von seiner Arbeit erzählen und vielleicht auch einige schöne Anschauungsstücke mitbringen könnte?

ERZÄHLIMPULS

ZEITSPIEL

Suchen Sie sich 12 – 15 schöne Bilder von verschiedenen Uhren, deren Rückseite Sie mit fester Pappe abkleben. Auf diesen Rückseiten stehen Fragen, die zu einem Austausch rund um den Umgang mit der Zeit einladen sollen.
So könnten die Fragen aussehen:

- *Welche Tageszeit mögen Sie am liebsten?*
- *Wie verbringen Sie jetzt Ihre freie Zeit am liebsten?*
- *Wie war das früher mit der Freizeit?*
- *Welche Zeit in der Geschichte interessiert Sie besonders? Warum ist das wohl so?*
- *Hätten Sie gerne in einer anderen Zeit als der unsrigen gelebt? Erzählen Sie davon!*
- *Wenn Sie heute eine 25. Stunde geschenkt bekämen, was würden Sie damit machen?*
- *Welche Zeit in Ihrem Leben war besonders schön?*
- *Welche Zeit in Ihrem Leben war besonders schwer?**
- *Wie teilen Sie sich Ihren Tag am liebsten ein?*
- *Gibt es einen Wochentag, den Sie besonders mögen? Erzählen Sie uns, warum?*
- *Gibt es einen Wochentag, den Sie eher nicht mögen? Warum ist das wohl so?*
- *Welche Jahreszeit lieben Sie besonders?*
- *Wenn Sie einen ganzen Tag frei von allen Verpflichtungen wären, wie würden Sie den Tag gestalten?*

Bei der mit dem Sternchen * gekennzeichneten Frage sollten Sie gut überlegen, ob sie für Ihre Gruppe geeignet ist. Möglicherweise bohren Sie damit in alten Wunden herum.

Die so entstandenen Karten liegen mit der Bildseite nach oben auf dem Tisch, um den sich die Teilnehmenden versammelt haben. Der älteste Spieler oder die älteste Spielerin beginnt, sucht sich eine Karte aus, dreht sie um und liest die darauf stehende Frage vor. Zunächst beantwortet dieser Spieler die Frage, dann kann sie noch an die ganze Runde oder auch nur an einen anderen Spieler weitergegeben werden. Achten Sie darauf, dass jemand, der nicht erzählen möchte, die Karte kommentarlos wieder zurücklegen und sich eine andere Karte wählen kann.

Durch die Impulsfragen entsteht sicherlich ein lebhafter Austausch über den Umgang mit Zeit, der die Unterschiede und Gemeinsamkeiten der Teilnehmenden diesbezüglich zeigen wird. Oft kommt es dabei vor, dass das Gespräch so lebendig wird, dass die Karten und Fragen gar keine Rolle mehr spielen.

Dauer: 30 Minuten

Material: das hergestellte Spiel oder nur die Fragen, die Sie in die Runde geben können

Wenn Sie das Spiel in einer Einrichtung der Altenpflege einsetzen wollen, überlegen Sie noch einmal besonders gut, ob die Fragen geeignet sind. Der Tagesablauf ist dort so gestaltet, dass die Wünsche der Menschen, die dort leben, nicht mehr so eine große Rolle spielen können. Das macht möglicherweise noch mehr bewusst, wie sehr man auf Hilfe angewiesen ist und wie wenig Selbstbestimmung möglich ist. Dann sollten Sie für diese Einheit eine andere Methode wählen.

ZUSAMMENTRAGEN VON WISSEN

GEDENKTAGE

Zu den bekannten Gedenktagen wie dem 1. Mai oder dem 3. Oktober haben sich in den letzten Jahren und Jahrzehnten weitere zum Teil kuriose Gedenktage gesellt (siehe Link am Ende dieses Abschnitts).

Ich habe Ihnen zu jedem Monat einige herausgesucht, die gut in der Runde der Teilnehmenden zu besprechen wären und zu denen sich weitere Methoden anbieten.

4. Januar
Welt-Braille-Tag
Bringen Sie Zeitungen in Blindenschrift mit. Laden Sie dazu ein, den eigenen Vornamen in Blindenschrift auf ein Blatt zu »schreiben«. Ein Alphabet dazu finden Sie auch auf der CD-ROM.

31. Januar
Tag der Straßenkinder
Laden Sie jemanden von einer Hilfsorganisation ein, der sich mit der Thematik auskennt und von seiner Arbeit erzählen kann. Vielleicht entsteht daraus eine Art Patenschaft der älteren Menschen für ein Projekt.

13. Februar
Welttag des Radios
Laden Sie dazu ein, vom ersten eigenen Radio zu erzählen. Fragen Sie auch nach den Sendungen, die man gerne ge-

hört hat. Rechnen Sie damit, dass auch von der Nutzung der Nationalsozialisten zur Propaganda erzählt wird. Vielleicht können Sie jemanden aus einem Geschäft für Radios einladen, der von dem derzeitigen Angebot besonders auch für ältere Menschen erzählt und Beispiele mitbringt.

21. Februar
Weltgästeführertag

Fragen Sie im Tourismusbüro nach der Möglichkeit, einige Gästeführer in Ihre Runde einzuladen, die von Ihrer Arbeit erzählen. Es ist sicherlich auch schön, den eigenen Ort mit Hilfe von Gästeführungen noch einmal ganz neu wahrzunehmen.

8. März
Weltfrauentag

Sprechen Sie mit den Teilnehmenden über die veränderte Rolle der Frau, die die älteren Menschen im Laufe ihres Lebens wahrnehmen konnten. Erzählen Sie von verschiedenen Bräuchen zum Weltfrauentag, beispielsweise aus Italien, wo die Frauen Sträuße aus Mimosen geschenkt bekommen.

21. März
Tag des Puppenspiels

Wenn es einen Puppenspieler in Ihrer Nähe gibt, könnten Sie ihn doch einladen, damit er von seiner Arbeit erzählt und auch einige Beispiele für Puppen mitbringt. Fragen Sie auch nach eigenen Besuchen von Puppenspielen. Stichworte wie die »Augsburger Puppenkiste« und »Jim Knopf und Lukas, der Lokomotivführer« werden dem Gedächtnis auf die Sprünge helfen.

1. Mittwoch im April
Tag der älteren Generation

Regen Sie dazu an, darüber ins Gespräch zu kommen, wie sich das Bild vom Alter im Laufe der Jahre geändert hat. Aktivität, Partizipation und Unternehmungslust sind sicherlich eher neuere Merkmale des Alters. Das Buch: »Das Alter – eine Kulturgeschichte« aus dem Verlag Frölich und Kaufmann bietet dazu interessante Informationen und anregende Bilder. Auch das Buch aus dem Gütersloher Verlagshaus »Altwerden ist nichts für Feiglinge« von Joachim Fuchsberger ist in diesem Zusammenhang hilfreich.

29. April
Welttag des Tanzes

Gibt es eine Tanzschule oder eine Tanzgruppe in Ihrem Ort? Dann könnten Sie sie einladen, um miteinander ins Gespräch zu kommen und gemeinsam auch ein Tänzchen zu wagen. Bringen Sie Tanzmusik mit und laden Sie die Teilnehmenden zu vielen Erinnerungen rund um das Tanzen und den Besuch von Bällen ein.

2. Sonntag im Mai
Muttertag

Fragen Sie nach Erinnerungen an die eigene Mutter und dem Verhältnis, das man zu ihr hatte. Sprechen Sie mit den Teilnehmenden über die veränderte Rolle von Müttern, die diese heute zwischen Berufstätigkeit und Kinderversorgung finden müssen. Bedenken Sie aber auch, dass diese Gespräche für einige der älteren Frauen schwierig sein können, vor allem dann, wenn das Verhältnis zu den eigenen Kindern nicht gut ist. Denken Sie an alternative Fragen für die Männer in Ihrer Runde.

9. Mai
Europatag

Dekorieren Sie den Raum mit verschiedenen Fahnen aus Europa. Hängen Sie eine Landkarte auf, auf der die zu Europa gehörenden Länder zu sehen sind. Vielleicht können Sie einen Politiker einladen, der aus seiner Sicht über den europäischen Gedanken erzählt und die Auswirkungen auf unser Leben schildert.

28. Mai
Weltspieltag

Erinnern Sie die Teilnehmenden an Spiele in der eigenen Kindheit und fragen Sie nach Spielen, die heute beispielsweise mit den Enkelkindern gespielt werden. Vielleicht gibt es in der Nähe ein Spielwarengeschäft, das einige Dinge ausleiht, oder Sie fragen nach einer Spielpädagogin, die etwas zum Spiel erzählen kann.

1. Juni
Weltmilchtag

Bieten Sie zu diesem Gedenktag verschiedene Milchshakes an, die probiert werden können. Gibt es in der Nähe einen Milchbauern oder ein bewirtschaftetes Melkhus (so heißen hier in unserer Gegend kleine Betriebe, die frische Milch und Milchprodukte zum Verzehr für Radwanderer oder Spaziergänger anbieten), aus dem Sie Mitarbeitende einladen können? Lassen Sie von eigenen Erfahrungen mit dem Melken erzählen.

14. Juni
Weltblutspendetag

Sicherlich gibt es auch in Ihrer Nähe beispielsweise Gruppen des Roten Kreuzes, die Blutspenden organisieren. Laden Sie ein Team dieser Gruppe ein, damit es von der Arbeit erzählen kann. Besprechen Sie auch, wie die älteren Menschen diese Aktionen unterstützen können, auch wenn sie wegen des Alters nicht mehr selbst spenden können.

6. Juli
Tag des Kusses
Wenn die Gruppe, mit der Sie arbeiten, miteinander sehr vertraut ist, wäre es eine schöne und anregende Aufgabe, vom ersten Kuss zu erzählen, den man bekommen und gegeben hat. Bedenken Sie aber auch, dass das manchen Teilnehmenden zu intim sein könnte. Hilfreich ist es, wenn Sie als Gruppenleitung mit dem Erzählen der eigenen Erinnerung beginnen würden. Das öffnet in der Regel die Schleusen auch für die Gruppe.

31. Juli
Internationaler Tag der Freundschaft
Fragen Sie nach Erinnerungen an Freundschaften aus der Kindheit und der Schulzeit, nach gemeinsam verbrachter Zeit und gemeinsamen Streichen. Bedenken Sie aber auch, dass manche Freundschaft aus den verschiedensten Gründen in die Brüche ging oder einer der Freunde früh verstorben sein kann. Die Frage danach, was eine Freundschaft ausmacht, kann zu einem lebhaften Austausch führen.

8. August
Weltkatzentag
Fragen Sie nach eigenen Haustieren, besonders nach Katzen, die man im Laufe seines Lebens hatte. Wenn in der Nähe ein Tierheim ist, können Sie Mitarbeitende von dort

einladen, von der Arbeit mit den Tieren erzählen lassen und vielleicht ein kleines Projekt zur Unterstützung des Tierheimes starten.

13. August
Weltlinkshändertag
Früher wurden Kinder, die lieber mit der linken Hand schreiben wollten, ziemlich erbarmungslos umerzogen. Die rechte Hand war die liebe Hand. Dazu gibt es sicherlich vielfältige Erinnerungen. Eine kleine Aufgabe wäre es, dass die Rechtshänder einmal mit links ihren Namen schreiben müssen und die Linkshänder mit rechts.

21. September
Weltalzheimertag
Die Angst vor einer demenziellen Veränderung treibt viele ältere Menschen um. Informieren Sie über dieses Krankheitsbild und zeigen Sie vor allem auf, wie die Angehörigen und Freunde der Betroffenen besser auf die Erkrankten eingehen und das Wohlbefinden steigern können. Sicherlich finden Sie dazu in einer Sozialstation, einem Pflegestützpunkt oder in einem Seniorenservicebüro eine kompetente Fachkraft.

Letzter Sonntag im September
Tag der Gehörlosen
Viele ältere Menschen hören schlechter als früher und sind besorgt darüber, dass sie irgendwann gar nichts mehr hören können. Sicherlich gibt es in Ihrer Kirche einen Gehörlosenseelsorger, der von seiner Arbeit erzählen kann. Wenn Sie ein Blatt mit dem deutschen Fingeralphabet ausdrucken und verteilen, können alle einmal versuchen, ih-

ren eigenen Vornamen auf diese Weise zu gestalten. Eine Vorlage dafür finden Sie auf der CD-ROM.

7. Oktober
Welttag für menschenwürdige Arbeit
Fragen Sie danach, welche Arbeiten Ihre Teilnehmenden im Laufe ihres Lebens leisten mussten, welche davon schön und erfüllend und welche schwer und beinahe unwürdig war. Rechnen Sie damit, dass die Erzählungen eher lange dauern werden, weil die alten Menschen dazu sicherlich viel zu erzählen wissen. Wer mag, kann auch jemanden von einer Gewerkschaft einladen, der davon berichten kann, was heute alles unternommen wird, um Arbeit menschenwürdig zu gestalten, und gegen welche Widerstände es da noch immer zu kämpfen gilt.

24. Oktober
Tag der Bibliotheken
Laden Sie jemanden von der örtlichen Bibliothek ein, der Bücher vorstellt, die Ausleihe erklärt und auch gerne einige Bücher zur Anschauung mitbringt. Fragen Sie nach Lesegewohnheiten, Lieblingsbüchern und Lieblingszeitschriften.

3. November
Weltmännertag
Analog zum Weltfrauentag kann hier über die veränderte Rolle des Mannes heute gesprochen werden. Die Veränderungen, die dazu zu beobachten sind, sind ja ähnlich groß wie die bei den Frauen. Früher schob ein Mann keinen Kinderwagen, zeigte eher keine Gefühle und hatte in der Familie das Sagen. Denken Sie auch hier an andere Aufgaben für die Frauen oder bearbeiten Sie die beiden Fragen einfach gemeinsam.

16. November
Vorlesetag

Wenn Sie die Teilnehmenden vorher über diesen Gedenktag informieren, kann doch jeder und jede eine kleine Geschichte mitbringen, die er oder sie gerne mag, und diese zu Gehör bringen. Oder Sie suchen sich ein schönes Vorlesebuch, um der Gruppe Geschichten vorzulesen. Lesen Sie aber nicht eine Geschichte nach der anderen vor, sondern lassen Sie dazwischen Zeit, von eigenen Erlebnissen zu erzählen. In diesem Zusammenhang darf ich auf das Vorlesebuch »Es glockt schon« hinweisen, das im Sommer 2014 im Gütersloher Verlagshaus erschienen ist und das aus meiner Feder stammt.

5. Dezember
Internationaler Tag des Ehrenamtes

Fragen Sie die Teilnehmenden danach, welche Ehrenämter sie im Laufe ihres Lebens innehatten und welche Arbeit sie dabei geleistet haben. Stellen Sie auch die Möglichkeiten heraus, die es in Ihrer Einrichtung oder Gemeinde für ein Ehrenamt gibt. Vielleicht können Sie Ehrenamtliche aus den verschiedenen Arbeitsgebieten in die Runde einladen, damit erzählt werden kann.

10. Dezember
Tag der Überreichung der Nobelpreise – Todestag Alfred Nobels

Tragen Sie die Namen und Leistungen einiger Nobelpreisträger zusammen (siehe unter: http://de.wikipedia.org/wiki/Liste_der_Nobelpreistr%C3%A4ger). Treffen Sie aber auf jeden Fall eine Auswahl. Fragen Sie danach, wer von der Gruppe den Nobelpreis bekommen würde und für welche besondere Arbeit der Preis verliehen werden würde.

Auf dieser Internetseite finden Sie dazu eine ausführliche Auflistung: http://de.wikipedia.org/wiki/Liste_von_Gedenk-_und_Aktionstagen

Dauer: abhängig von dem Gedenktag und der weiterführenden Methode, die Sie auswählen

Material: ebenso

Über die Auswahl hinaus, die ich Ihnen hier aufgeschrieben habe, gibt es viele weitere Gedenktage. Ich habe diejenigen gewählt, die mir für die Gespräche mit den älteren Menschen am geeignetsten erschienen. Schauen Sie aber unbedingt selbst nach, vielleicht gefallen Ihnen ganz andere Gedenktage. Ich rate allerdings von solchen Gedenktagen eher ab, die nach viel Gewalterfahrung und negativen Erlebnissen fragen. Bedenken Sie immer, dass die alten Menschen nach solchen Gesprächen in der Gruppe mit den negativen Gedanken und aufgewühlten Gefühlen nach Hause gehen, wo sie mit ihrer Befindlichkeit dann oft alleine sind.

KREATIVES

KALENDER

Die Kalender, mit denen wir unsere Zimmer und Wohnungen schmücken, sind ein schönes Symbol für die Zeit. Oft haben diese Kalender wunderbare Bilder, bei denen es fast zu schade ist, sie am Ende des Monats oder Jahres wegzuwerfen. Hier ist ein Vorschlag für eine schöne Bastelarbeit mit alten Kalenderblättern, bei der aus den Blättern Tüten werden, in denen man etwas verschenken kann. Dazu sollte das Kalenderblatt mindestens eine Größe von DIN A 3 haben. Soll die Tüte breit werden, muss das Kalenderblatt im Querformat vorliegen. Für eine schmale und hohe Tüte geht auch ein Blatt im Hochformat. Schneiden Sie das Blatt sauber aus, vor allem die obere Seite, die ja meist in einer Spiralbindung steckte. Kleben Sie dann die Seiten so zusammen, dass zunächst ein Zylinder entsteht. Die Klebestelle legen Sie auf die Rückseite und falten das Ganze zu einem Rechteck zusammen. Nun müssen Sie entscheiden, wie tief die Tüte werden soll. Knicken Sie die beiden Seiten rechts und links entsprechend weit zuerst nach vorne und dann nach hinten. An den Knicklinien können Sie nun die beiden Seiten formen, indem Sie diese nach innen falten. Nun fehlt noch der Boden. Falten Sie auch hier die gewünschte Tiefe zuerst nach oben und dann an der gleichen Kante nach hinten. Nun können Sie den Boden so formen, wie Sie das auch schon mit den Seiten getan haben. Zur besseren Stabilität schneiden Sie sich noch zwei gleich große Pappen aus. Eine davon kleben Sie innen auf die Standfläche der Tüte, die andere von unten auf den Boden. Wenn Sie nun oben mittig noch mit dem Locher zwei Löcher stanzen, können Sie mit einer Kordel noch einen Henkel zum Tragen einfügen. Das Bild von einer solchen Tasche wird Ihnen helfen, die Anleitung besser zu verstehen und sich das Ergebnis vorstellen zu können.

Dauer: pro Tasche ca. 10 Minuten

Material: Kalenderblätter, Klebstoff, Schere oder Schneidegerät, Bindfaden, Locher

EINE MINUTE

Die Teilnehmenden sollen abschätzen, wie lange eine Minute dauert. Natürlich darf keiner dabei eine Uhr zur Hilfe nehmen. Besorgen Sie sich eine Stoppuhr, sodass Sie selbst diese Zeitspanne sicher kennen. Nun geben Sie mit einem Gong das Startzeichen. Wer meint, die Minute sei um, soll in die Hände klatschen, aber nichts sagen. Wenn die Minute wirklich um ist, lassen Sie erneut den Gong ertönen. Nun können Sie noch darüber ins Gespräch kommen, wie lang einem manchmal eine Minute vorkommt und wie schnell sie in anderen Fällen vergeht.

Dauer: mit Erklärung und Gespräch 10 Minuten

Material: eine Stoppuhr

ZUM VORLESEN

ZEIT IST RELATIV

Wenn man, so wie ich, viel unterrichtet, dann hat man 90 Minuten im Blut, weiß also auch ohne Uhr, wann die Zeit um ist. 90 Minuten spannender Unterricht vergehen wie im Flug. 90 Minuten mit angenehmer Plauderei auf der Terrasse auch. Manchmal können 90 Minuten aber auch sehr lang werden. Das ist mir im Urlaub einmal so ergangen. Da fühlten sich die 90 Minuten wie 90 Stunden an.

In unserem Urlaubsort, einem kleinen und eigentlich verschlafenen Nest in Süditalien, mussten wir unsere Urlaubskasse neu auffüllen. Also fuhren wir gleich am Morgen, als es noch nicht so heiß war, in das Dorf, in dem es einen Banko-

maten gibt, also einen der praktischen Automaten, an dem man mithilfe der Karte und der Geheimzahl Geld bekommt. Ich steckte die Karte in den richtigen Schlitz, gab die richtige Geheimzahl ein und benannte meinen Wunsch nach 400 Euro, eine Summe, für die eine alte Frau lange stricken muss. Der Automat war sehr freundlich zu mir, gab mir die Karte zurück und dazu eine Quittung. Er bedankte sich sogar für die Benutzung. Leider vergaß er, mir auch die 400 Euro zu geben. Sicherlich können Sie sich vorstellen, dass ich damit nicht einverstanden war. Also begab ich mich in die Bank, um dort auf das Versehen hinzuweisen und den Mitarbeitenden die Gelegenheit zu geben, den Fehler ihres technischen Kollegen wiedergutzumachen.

Der Mann am Schalter war nicht willens, auf mein Anliegen einzugehen. Ich solle besser in drei Tagen wiederkommen. Dann könnte er sich gerne mit meinem Problem beschäftigen. Das wiederum wollte ich nicht, hatte ich doch die Vermutung, dass dann von dem Geld nichts mehr übrig wäre. Schließlich waren wir in einer Hochburg der Mafia. Zum Glück bin ich des Italienischen mächtig und konnte daher in die lebhafte Diskussion einsteigen, die sich zwischen dem Mann hinter dem Schalter und mir vor dem Schalter entwickelte. Mit steigendem Zorn fielen mir Vokabeln ein, von deren Existenz ich bei normaler Gefühlslage gar nichts geahnt hätte. Unterbrochen wurde unser Disput lediglich von der Espressopause, die alle Mitarbeitenden der Bank pünktlich einhielten, auch wenn die Italiener an sich sonst nicht sonderlich pünktlich sind. Es kehrte also für einen Moment Ruhe ein und ich hatte somit Gelegenheit, weitere strategische Schritte zu planen, um an mein Geld zu kommen. Schließlich war bereits eine Stunde um, seit ich diese heiligen Hallen betreten hatte.

Mit dem Espresso hatte mein Schalterkumpel offensichtlich auch neue Schritte geplant. Entschlossenen Schrittes kam er zurück und verdrehte die Augen, als er mich dort immer noch stehen sah. »Wenn Sie nicht sofort gehen und aufhören, hier so laut herumzuschreien, rufe ich die Polizei!«, sagte er. Mir war gar nicht bewusst, dass ich geschrien hatte, aber so musste es wohl gewesen sein. Die Idee mit der Polizei machte mir zunächst Sorgen. In meinem Mund breitete sich schon der Geschmack von Wasser und Brot aus, die in der Polizeiwache auf mich warten würden, aber dann griff ich selbst beherzt zum Hörer und kündigte an, nun meinerseits die Polizei anzurufen, um den Beamten mitzuteilen, welche Machenschaften hier in der Bank den Urlaubsfrieden der Touristen empfindlich störten.

Aber bevor ich zur Tat schreiten konnte, entschloss sich mein Kontrahent letztlich doch dazu, mir mein Geld zu geben. Mit Todesverachtung schob er die Scheine unter dem Tresen durch. Sicherheitshalber bekreuzigte er sich, denn bei rothaarigen Frauen kann man nie wissen.

Als ich nach geschlagenen 90 Minuten diese unwirtliche Stätte wieder verlassen konnte, war ich so fix und fertig wie sonst noch nicht einmal nach vielen Malen 90 Minuten Unterricht. Gefühlt hatten diese 90 Minuten 90 Stunden gedauert. Wie gut, dass mein persönlicher Hirte draußen auf mich wartete, mir sogleich einen Prosecco in einer kleinen Bar besorgte und sich mein aufregendes Abenteuer wieder und wieder geduldig anhörte. 90 Minuten hat es nicht gedauert, aber doch ziemlich lange.

Zeit ist eben relativ.

Dauer: Vorlesezeit ca. 7 Minuten
Material: die Geschichte

Heimat

GEDANKEN ZUM THEMA HEIMAT

Heimat ist ganz fest verbunden mit der Kindheit. Heimat
ist eine bestimmte Landschaft, ein Dialekt, Heimat, das
sind bestimmte Gerichte und Getränke, Bräuche und Feste,
Gerüche und Wege. Die Schnelllebigkeit unserer Zeit, die

vielen Veränderungen, die in den vergangenen Jahrzehnten über uns hereingebrochen sind – beides hat dazu geführt, dass kaum noch jemand so lebt, wie es unsere Großeltern getan haben. Wäsche und Haushalt, Fortbewegungsmöglichkeiten und Arbeit, Schule und Technik haben so große Umwälzungen erlebt wie noch nie in unserer Geschichte. Die Generation unserer Großeltern hat noch fast genau so gearbeitet wie die Generationen vorher. Die Generation der Enkel hat rasante Sprünge gemacht, die die ältere Generation nur mit Mühe nachvollziehen kann.

Heimat ist mit Gerüchen verbunden, aber viele dieser Gerüche gibt es gar nicht mehr. Heimat ist mit bestimmten Häusern und Straßen verbunden, die es nicht mehr gibt, ist verbunden mit landwirtschaftlichen Arbeitsgängen, die längst Maschinen ersetzt haben.

Deshalb bin ich der Meinung, dass Heimat immer etwas ist, das wir verloren haben. So wie als Kind kann ich nicht mehr durch das Dorf gehen, in dem ich aufgewachsen bin. Einmal, weil ich kein Kind mehr bin, und zum Zweiten, weil das Dorf ein anderes geworden ist. Ich kann das Erleben des Hineinwachsens in die Gesellschaft, das Kennenlernen von Sprache und Schrift nicht wiederholen. Ich kann nicht ein zweites Mal erwachsen werden.

Und das Erinnern an Heimat steht immer in der Gefahr der Glorifizierung und Verherrlichung und damit eben auch in der Gefahr der Verdrängung negativen Erlebens. Ein gutes Erinnern an Heimat und ein ehrlicher Umgang damit bedarf aber des Konkreten. Auch als Kind war man nicht immer glücklich, sondern es gab Ängste und Sorgen. Auch in der Kindheit waren die Sommer nicht immer schön und die Winter immer voller Schnee. Auch in den Dörfern und Städten, die unsere Heimat waren, gab es nicht nur gute Nachbarschaft und gegenseitige Hilfe, sondern auch Klatsch und Tratsch, Ausgrenzungen und Verleumdungen. Wir verdrängen negative Erlebnisse und Erfahrungen, aber nur die konkrete und möglichst wahre Erinnerung bewahrt uns davor, der Heimat kritiklos nachzutrauern, ja sie sogar zurückzusehnen.

Deshalb ist dieses Thema zum einen ein sehr schönes und wichtiges Thema für die Arbeit mit älteren Menschen, aber eben auch ein sensibles, bei dem wir behutsam und vorsichtig agieren müssen, um nicht alte Feindschaften heraufzubeschwören oder völlig unangebrachte Forderungen zu stellen.

Bei älteren Menschen, denen ein Umzug in eine Pflegeeinrichtung bevorsteht oder die intensiv darüber nachdenken, wie und wo sie alt werden können, bedeutet dieses Thema immer auch Verlustängste. Gerade bei einem Umzug in ein Altenpflegeheim muss der eigene Raum erheblich reduziert, müssen Möbel und Gegenstände aussortiert und Bücher und Bilder weggegeben werden. Es gilt, von Nachbarn, Garten und möglicherweise auch von Haustieren Abschied zu nehmen, eine ähnliche Erfahrung wie der Verlust von Heimat.

Zu vielen der hier formulierten Gedanken hat mich die Lektüre des Buches »Heimat – Erfahrungen mit einem deutschen Thema« von Christian Graf von Krockow gebracht, das ich auch Ihnen in der Vorbereitung dieser Einheit ans Herz lege. Als ein Mann, der selbst seine Heimat verloren hat, schreibt Graf von Krockow sehr besonnen und hat die möglichen Gefahren in der Auseinandersetzung mit dem Thema gut im Blick. Außerdem zitiert er in dem Buch viele Gedichte, die sich auch in der Arbeit mit den älteren Menschen gut lesen oder hören lassen. Das Buch ist zwar nicht gerade neu, enthält aber dennoch viele zeitlos hilfreiche und gute Gedanken.

EIGENE ANNÄHERUNG AN DAS THEMA

Woher kommen Sie? Gibt es in Ihrer Familie Vertriebene, Flüchtlinge und Einheimische? Gab es Konflikte in Ihrer Familie, wenn zum Beispiel ein Einheimischer eine Frau heiraten wollte, die Flüchtling war? Welche Dialekte können Sie sprechen oder zu welchen Dialekten könnten Sie Menschen in Ihren Kreis einladen? Wie eng sind Sie selbst mit Ihrer Heimat verbunden? Welche Erfahrungen haben Sie mit Heimweh?

SAMMELAUFGABE

Lassen Sie die Teilnehmenden möglichst viele Wörter finden, die mit »Heimat« beginnen. So könnten die Nennungen aussehen:

- *Heimatkunde*
- *Heimatstube*
- *Heimaturlaub*
- *Heimatverbundenheit*
- *Heimattümelei*
- *Heimatort*

- *Heimatliebe*

- *Heimatglocken*

An den Nennungen können Sie schon ganz gut erkennen, in welche Richtung die Gedanken Ihrer Teilnehmenden gehen und sich so besser darauf einrichten, wie die Auseinandersetzung mit dem Thema verlaufen wird.

Dauer: 10 Minuten

Material: ggf. ein Flipchart zum Notieren dessen, was bereits genannt wurde, ein Stift

ERZÄHLSPIEL / GESPRÄCHSIMPULS

ERINNERUNGEN AN DIE HEIMAT

In einem Postkartenbuch zum Thema Heimat habe ich schöne Fotos gefunden, die an verschiedene Häuser und Landschaften erinnern. Wie schon häufiger vorgeschlagen, habe ich die Rückseiten mit Fragen versehen, sodass die Teilnehmenden durch das Erzählspiel in einen Austausch über Heimat treten können. Die Karten liegen mit der Bildseite nach oben auf dem Tisch. Reihum nimmt jeder und jede eine Karte, dreht sie um und liest die Frage, die darauf steht, vor. Dann beantwortet zuerst dieser Teilnehmer die Frage, dann geht sie an die ganze Runde. Diese Fragen schlage ich für die Beschriftung der Rückseiten vor:

- *Beschreiben Sie uns den Ort, in dem Sie aufgewachsen sind!*

- *Wie sahen die Häuser in Ihrer Heimat aus?*

- *Welche Landschaft ist eng mit Ihrer Heimat verbunden?*

- *Sicherlich erinnern Sie sich an bestimmte Gerichte, die es in Ihrer Heimat gab oder noch gibt! Erzählen Sie uns doch bitte davon!*

- *Wann sind Sie zum ersten Mal länger von zu Hause weg gewesen?*

- *Haben Sie als Kind unter Heimweh gelitten?*

- *Wie wurde mit dem Heimweh von Kindern umgegangen?*

- *Welche Dialekte kennen Sie? Und woher kennen Sie diese?*

- *Welche besonderen Feste oder Bräuche gehören zu Ihrer Heimat?*

- *Kennen Sie ein Gedicht über Heimat? Wir hören gerne zu!*

- *Wo, würden Sie sagen, ist Ihre Heimat?*

- *Was brauchen Sie, um sich zu Hause zu fühlen?*

Dauer: 30 Minuten

Material: das erstellte Spiel

WAS BEDEUTET HEIMAT?

Fragen Sie in die Runde, was Heimat bedeutet, woran sie festgemacht wird, mit welchen Gedanken sich dieser Begriff, der ja ein typisch deutscher Begriff ist, verbindet. Achten Sie dabei darauf, dass es in diesem thematischen Zusammenhang nicht nur um Flucht und Vertreibung geht. Heimat kann ja auch der Ort sein, an dem man immer noch lebt. Er wird sich aber dennoch gewaltig verändert haben. Diese Stichworte können Ihnen helfen, dem Gespräch immer wieder neue Aspekte hinzuzufügen:

- *Ist Heimat der Ort, an dem ich meine Religion so ausüben kann, wie ich das möchte und gelernt habe?*

- *Inwiefern ist Heimat auch mit meiner Muttersprache verbunden? Kann ich in einer später erlernten Sprache meine Gedanken und Gefühle differenziert genug ausdrücken?*

- *Geht das, dass ich mir eine neue Heimat suche und dort heimisch werde? Wenn ja, wovon hängt es ab, ob das gelingt?*

- *Wie geht es den vielen Migranten, die aus den unterschiedlichsten Gründen bei uns leben, mit dem Gedanken an Heimat? Was können wir dazu beitragen, dass es den Menschen bei uns gut geht?*

- *Ist es ein Unterschied, ob ich meine Heimat freiwillig verlasse oder ob ich dazu gezwungen werde?*

- *Ist es ein Unterschied, ob ich in meine alte Heimat zu-*

rückkehren oder sie wenigstens besuchen kann oder ob mir der Zugang versperrt ist?

- *Inwiefern ist Heimat mit Menschen verbunden, zu denen man gehört?*

- *Macht es einen Unterschied, ob ich die Heimat alleine verlasse oder ob meine Familie mit mir geht?*

- *Was kann Heimat bedrohen oder gefährden? Der Zuzug von Menschen aus anderen Ländern wird ja in manchen Gegenden als Bedrohung empfunden. Wie denken Sie darüber?*

- *Ist Familie gleich Heimat?*

Dauer: je nachdem, wie viele der Fragen Sie verwenden

Material: die Fragen, die Sie in die Runde geben

PROJEKT

Besonders zu dem Gedanken, dass es den Migranten, die heute bei uns leben, vielleicht ganz ähnlich geht wie den Menschen, die nach dem Zweiten Weltkrieg die Heimat haben verlassen müssen, drängt sich doch geradezu die Idee auf, dass es ein Projekt geben könnte, bei dem die älteren Menschen und die Migranten einander begegnen. Da gäbe es die Möglichkeit, viele Vorbehalte und Ängste abzubauen und Gemeinsamkeiten zu finden. Suchen Sie sich Menschen aus Ihrer Nähe, die Sie bei dem Projekt unterstützen könnten. Fragen Sie im Rathaus nach Kontaktmöglichkeiten zu den Migrantinnen und Migranten. Überlegen Sie, woher Sie Übersetzer bekommen können, damit das Projekt nicht an Sprachbarrieren scheitert. Über gemeinsames Essen und Trinken lassen sich leicht Kontakte knüpfen und Gespräche beginnen.

Viele alte Menschen haben viel überflüssigen Hausrat, den sie gar nicht mehr benutzen. Geschirr und Töpfe könnten zusammengetragen werden, um sie neu angekommenen Flüchtlingen zu schenken. Bitten Sie ein paar junge Leute darum, sich um den Transport zu kümmern. Oft haben Diakonie und Caritas bereits solche Angebote, um den Menschen zu helfen. Dann können Sie sich auch dort einklinken.

Dauer: über mehrere Treffen verteilt

Material: Hausrat, Wäsche, Transportmittel

GESPRÄCHSIMPULS

SPRÜCHE AUSWÄHLEN

Zum Thema Heimat gibt es eine Fülle von Sprüchen. Ich schlage vor, dass Sie die Sprüche entweder in großer Schrift ausdrucken, sodass alle sie gut lesen können, wenn sie an der Wand hängen. Oder Sie bringen alle Sprüche auf eine Seite, sodass das Gespräch über die Sprüche an den Tischen gemeinsam erfolgen kann. Lassen Sie pro Tisch drei Sprüche auswählen, denen die Gruppe zustimmen würde, und drei, die abgelehnt werden. Fragen Sie nach der Auswahl nach den Gründen für Zustimmung oder Ablehnung. Hier einige Vorschläge für solche Sprüche:

* *Ich fühle mich in der ganzen Welt zu Hause, wo es Wolken, Vögel und Menschentränen gibt. (Rosa Luxemburg)*

- *Der Mensch ist dort, wo sein Herz ist, nicht dort, wo sein Körper ist. (Mahatma Gandhi)*

- *Der Mensch hat immer eine Heimat, und wäre es nur der Ort, wo er gestern war und heute nicht mehr ist. (Alexander von Villers)*

- *Wo gehen wir denn hin? – Immer nach Hause. (Novalis)*

- *In der Fremde erfährt man, was die Heimat wert ist, und liebt sie dann umso mehr. (Ernst Wiechert)*

- *Zu Hause sein. Wie sich der ganze Wirrwarr der Gefühle verliert und ordnet, wenn man aus dem Fremden heimkehrt in seine eigenen vier Wände! Nur zu Hause ist der Mensch ganz. (Jean Paul)*

- *Dein Heim kann dir die Welt ersetzen, doch nie die Welt dein Heim. (Weisheit aus Italien)*

- *Wir sind im Unterwegs zu Hause. (Unbekannt)*

- *Es gibt keinen Weg, der nicht irgendwann nach Hause führt. (Weisheit aus Afrika)*

- *Wer aus seiner Heimat scheidet, ist sich selten bewusst, was er alles aufgibt. Er merkt es vielleicht erst dann, wenn die Erinnerung daran eine Freude seines späteren Lebens wird. (Gustav Freytag)*

- *Die Heimat, das bedeutet: von Zeit zu Zeit eine Minute Rührung, aber doch nicht dauernd. (Jules Renard)*

- *Der beste Anker ist das Haus. (Weisheit aus Deutschland)*

- *Wer die Heimatberge nicht liebt, kann auch fremde Täler nicht lieben. (Weisheit aus dem Kaukasus)*

- *Alle diese vortrefflichen Menschen, zu denen Sie nun ein angenehmes Verhältnis haben, das ist es, was ich eine Heimat nenne. (Johann Wolfgang von Goethe)*

- *Die meisten reisen nur, um wieder heimzukommen. (Michel de Montaigne)*

- *Ohne Heimat sein heißt leiden. (Fjodor M. Dostojewski)*

- *Oh, welcher Zauber liegt in diesem kleinen Wort: daheim. (Emanuel Geibel)*

- *Daheim, – daheim! Welch ein seliges Gefühl, – wie viel Wonne fasst es nicht in sich, dieses einige, dieses einzige Wort! (Johannes von Dewall)*

- *Nicht da ist man daheim, wo man seinen Wohnsitz hat, sondern, wo man verstanden wird. (Christian Morgenstern)*

- *Nord, Ost, Süd, West, zu Haus ist's best. (Johannes von Dewall)*

- *Zu Hause ist da, wo man dich wieder aufnimmt, auch wenn du mal etwas falsch gemacht hast. (Christian Morgenstern)*

- *Wer überall sein will, ist nirgendwo zu Hause. (Seneca)*

- *Das Beste, was man in der Welt haben kann, ist, daheim zu sein. (Berthold Auerbach)*

- *Der Mensch braucht ein Plätzchen, und wär's noch so klein, von dem er sagen kann: Sieh! Dieses ist mein. Hier leb ich, hier lieb ich, hier ruh ich mich aus, hier ist meine Heimat, hier bin ich zu Haus. (Volksgut)*

Wichtig bei der Auswahl der Sprüche ist, dass diese ganz unterschiedliche Tendenzen haben. Nur so kommt eine Diskussion in Gang.

Dauer: ca. 20 Minuten

Material: die ausgedruckten Sprüche oder eine Liste mit den Sprüchen

SAMMELAUFGABE

GERICHTE DER VERSCHIEDENEN REGIONEN

Wie bereits oben erwähnt, ist mit bestimmten Regionen immer auch ein bestimmtes Essen oder ein bestimmtes Getränk verbunden. Lassen Sie die Gruppe zusammentragen, an welche Gerichte aus welchen Gegenden man sich erinnert. Um ein wenig über den eigenen Tellerrand zu schauen, sollten auch gerne einige internationale Gerichte oder Getränke dabei sein. So könnte die Sammlung aussehen:

- *Schwäbische Maultaschen*
- *Bayerische Knödel*
- *Münchner Bier*
- *Dresdner Stollen*
- *Leipziger Allerlei*
- *Nürnberger Bratwurst*
- *Schwarzwälder Schinken*
- *Helgoländer Knieper*
- *Rheinischer Sauerbraten*

- *Altländer Äpfel*
- *Pfälzer Leberwurst*
- *Frankfurter Würstchen*
- *Mailänder Schnitzel*
- *Bremer Knipp*
- *Schlesisches Himmelreich*
- *Pommerscher Gänsebraten*
- *Königsberger Klopse*
- *Moselwein*

- *Oldenburger Grünkohl*
- *Elsässer Flammkuchen*
- *Neapolitanische Pizza*
- *Berliner Weiße*
- *Hamburger Stubenküken*
- *Kieler Sprotten*
- *Lübecker Marzipan*
- *Königsberger Marzipan*
- *Salzburger Nockerln*
- *Wiener Würstchen*
- *Schwetzinger Spargel*
- *Gaisburger Marsch*
- *Pichelsteiner Eintopf*
- *Berliner Pfannkuchen*
- *Aachener Printen*
- *Nürnberger Lebkuchen*
- *Kölsch*
- *Büsumer Krabben*
- *Helgoländer Hummer*
- *Emder Matjes*
- *Münchner Weißwurst*
- *Kopenhagener (Kuchen)*
- *Krakauer*
- *Holländischer Käse*
- *Belgische Pralinen*
- *Amerikaner*
- *Szegediner Gulasch*
- *Tiroler Speck*
- *Bremer Kluten*
- *Spreewaldgurken*
- *Piemontkirschen*

Wenn Sie Senioren aus vielen verschiedenen Regionen in Ihrer Zusammenkunft haben, könnte doch aus der Aufzählung der jeweiligen Spezialitäten gut auch ein kleines Rezeptbuch werden, das beim nächsten Basar oder Sommerfest sicherlich viele Abnehmer finden wird. Bitten Sie dazu darum, man möge das Rezept auf eine DIN A 5-Seite aufschreiben. Es muss, um der guten Kopierbarkeit willen, immer mit einem schwarzen Stift geschrieben werden. Kopieren Sie die Blätter und binden Sie diese hübsch zusammen. Ein Titel mit Wiedererkennungswert und Hinweis auf die Seniorenarbeit wird sich doch in der Gruppe auch leicht finden.

Dauer: 15 Minuten für das Zusammentragen, mit Rezeptbuch über mehrere Treffen

Material: ggf. ein Flipchart, für den weitergehenden Vorschlag Papier und Stifte, Kopiermöglichkeiten, Spiralbindung

SAMMELAUFGABE

Wenn Sie von dem Prinzip abweichen, dass die Region immer mit etwas zum Essen oder Trinken zu tun haben muss, lässt sich die Liste noch so erweitern:

- *Schwedische Gardinen*
- *Englischer Humor*
- *Russisches Roulette*
- *Finnische Sauna*
- *Spanische Fliege*
- *Russischbrot*
- *Polnische Wirtschaft * (Vorsicht)*
- *Böhmische Dörfer*
- *Spanische Wand*
- *Jüdische Hast* (Vorsicht)*
- *American Way of Life*

- *Chinesische Mauer*
- *Indischer Elefant*
- *Afrikanische Steppe*
- *Argentinischer Tango*
- *Asiatische Grippe*
- *Ungarische Post (Reitstil)*
- *Wiener Walzer*
- *Pariser Chic*
- *Mailänder Scala*
- *Römische Brunnen*
- *Wiener Philharmoniker*
- *Dänisches Bettenlager*

- *Schwedenhölzer*
- *Anglikanische Kirche*
- *Toskanafraktion*
- *Isländisches Moos*
- *Warschauer Ghetto**
  (Vorsicht)
- *Berliner Mauer*
- *Regensburger Domspatzen*
- *Tölzer Knabenchor*
- *Wiener Sängerknaben*

- *Leipziger Montagsdemon-strationen*
- *Dresdner Zwinger*
- *Neuenburger Urwald*
- *Nürnberger Prozesse **
  (Vorsicht)
- *Plauener Spitzen*
- *Prager Frühling*
- *Meißener Porzellan*
- *Sibirische Kälte*

Auch hierbei wird deutlich, wie sehr die Regionen mit bestimmten Vorstellungen verbunden sind.

Bei den Begriffen, die mit einem Stern versehen sind, handelt es sich um solche Begriffe, die mit vielen Vorurteilen behaftet sind. Wenn sie genannt werden, sollten Sie dazu in der Runde etwas sagen, weil sie eben doch immer noch mit nationalsozialistischem Gedankengut verbunden sind bzw. damit zu tun haben und nicht kommentarlos stehen bleiben sollten.

Dauer: 15 Minuten

Material: ggf. ein Flipchart und einen Stift

DIALEKTE

Meiner Beobachtung nach kann man häufig die Herkunft von Menschen nicht nur an der Sprachmelodie, sondern auch an bestimmten Worten erkennen, die sie benutzen und die sonst eher seltener vorkommen. Wenn beispielsweise ein Mensch zu mir sagt, draußen sei es schon »finster«, bin ich ziemlich sicher, dass er oder sie aus Schlesien stammt. Dazu gibt es für die verschiedenen Regionen weitere Beispiele, die Sie vortragen und zu denen Sie fragen können, woher jemand kommt, der so etwas sagt. Hier einige Beispiele:

Ausdruck	Bedeutung	Herkunft
Ach Chott, ach Chott, Erbarmung, Erbarmung	Ausruf des Erschreckens	Ostpreußen
Mariellchen	Kleines Mädchen	Ostpreußen
Hüba drüba, wo die Pilze wachsa mit da langa Stiela	Dort drüben, wo die Pilze mit den langen Stielen wachsen	Schlesien
Lorbass	Schlingel, Lümmel	Ostpreußen
Pomochelskopp	Übellauniger, missgestimmter Mensch	Ostpreußen
Fleck	Innereien von Tieren als Gericht	Ostpreußen
Kumst	Sauerkohl	Ostpreußen
Pungel	Bündel	Ostpreußen
Wruke	Steckrübe	Ostpreußen
Rachullrich	Raffgierig	Ostpreußen

Nuscht	Nichts	Ostpreußen
Kreude	Zuckerrübensirup	Pommern
Abtritt	Toilette	Pommern
finster	dunkel	Schlesien
Deheeme	Zu Hause	Schlesien
Gnatzla	Kleines Stück, Kleinigkeit	Schlesien
Gullilein	Kosewort für kleine Mädchen	Schlesien
Aufwaschen	Geschirr spülen	Schlesien
Lobern	Dummes Zeug reden	Schlesien
Tiegel	Bratpfanne	Schlesien
Fatzke	Angeber	Schlesien
Gallert	Sülze	Schlesien
Lerge	Gerissener, eher böswilliger Mensch	Schlesien
Obacht geben	Aufpassen	Schlesien

Weitere Beispiele finden sicherlich die Teilnehmenden aus Ihrer Runde.

Diese Internetseiten haben mir beim Auffinden von Wörtern in den jeweiligen Dialekten geholfen: http://www.kmosler.de/Sprache/Woerterlisten

Dauer: 20 Minuten, mit Gespräch sicherlich länger

Material: ein Flipchart oder eine Tafel zum Aufschreiben der Nennungen, Stift bzw. Kreide

Meine Kindheit war davon geprägt, dass meine Großmutter mit meiner Mutter, die damals neun Jahre alt war, aus Schlesien hatte fliehen müssen. Wie stark diese Prägung sein sollte, habe ich als Kind noch gar nicht verstanden. Sie sprachen von »Deheeme« und meinten damit nicht ihr jetziges Zuhause, ihre kleine Wohnung, sondern einen für mich als Kind geheimnisvollen Ort weit weg, der von einem gewissen Rübezahl mit seinen Zwergen bewacht wurde. Immer wieder fragte ich danach, wie es dort aussieht, ob es Berge gab und Seen, Wälder und Wiesen. Und sie erzählten mir von der »Schniekuppe«, die man von ihrem Garten hatte sehen können, und von einem Ausflug zur Kirche Wang, den sie einmal an einem schönen Sommertag unternommen hatten. Und dann war da die Geschichte von der Flucht. Eines Abends waren Männer gekommen, die ihnen sagten, dass sie am nächsten Tag in aller Frühe weg müssten. Genau vorgeschrieben war, was mitgenommen werden durfte. Die Puppe musste meine Mutter dort lassen, weil sie andere, wichtigere Dinge tragen musste. Spätestens an dieser Stelle der Erzählung flossen bei mir die ersten Tränen, aber ich wollte hören, wie es weitergegangen war. Und es war ja weitergegangen mit Kontrollen, Durchsuchungen des Gepäcks, mit langen Fahrten in Waggons und schließlich mit einer Ankunft auf einem kleinen Bahnhof in Norddeutschland. Alle mussten aussteigen und sich auf dem Vorplatz des Bahnhofs versammeln. Die Bauern der umliegenden Dörfer waren gekommen, um sich die Menschen anzusehen, die da standen, ohne zu wissen, was nun kommen würde. Meine Großmutter und meine Mutter kamen zu einem Bauern, der ihnen eine kleine Kammer, Kleidung und zu essen gab. Dafür mussten sie arbeiten auf den Feldern, im Stall, im Haus. Sie hatten viel Glück, denn die Bauersleute waren freundlich.

»Und wo war da der Opa?«, fragte ich dann immer wieder, obwohl ich die Geschichte doch schon so viele Male gehört hatte. »Dos hom mer ne gewusst!«

Nicht zu wissen, wo der Opa ist, das schien mir geradezu unmenschlich und unheimlich. Er war doch immer da, wieso gerade da nicht, wo alles so in Unordnung war? Aber die Grausamkeiten, die der Krieg Menschen zumutet, die wollten sie mir nicht erzählen. Und sie hatten ihn dann ja auch gefunden durch die Suchaktionen des Roten Kreuzes. Irgendwann war er wieder da, mager, grau und verbittert. Meine Mutter hatte ihn gar nicht erkannt. Komisch, wie konnte es denn sein, dass man seinen Papa nicht erkennt? Beim Zuhören habe ich viel geweint, aber ich bin heute dankbar, dass sie mir immer und immer wieder erzählt haben, wie es war. So konnte ich manches besser verstehen, was bei ihnen bis an ihr Lebensende so anders war und blieb als bei anderen Leuten.

Sie sprachen immer Schlesisch und ich lernte als Kind diese seltsam melancholische Melodie lieben. Sie bewahrten alles auf, Klipse, mit denen das Brot verschlossen war, Nägel, die krumm geworden waren, Flaschen und Gläser, jeden noch so nutzlos scheinenden Kleinkram. Vielleicht könnte man es noch mal gebrauchen, wer weiß das schon. Diesen inneren Zwang, aufbewahren und behalten zu müssen, hat übrigens auch meine Mutter noch. Es gibt noch die Bettwäsche, die sie von der Nachbarin zur Verlobung bekommen hat, und die Gläser der Patentante zum Geburtstag. Immer wieder steht sie voller Entschlossenheit vor den Schränken, um auszusortieren, und dann bleibt doch alles an Ort und Stelle.

Verreisen kam für meine Großeltern nicht infrage, nicht wegen des Geldes, das das kosten würde, sondern weil Weggehen mit Schmerz und Verlust verbunden war. Als ich meinen ersten Urlaub mit Freunden im Ausland machen wollte, war es leichter, meine Großeltern zu belügen, als ihnen die Wahrheit zu sagen. Ihr Enkelkind nach Spanien? Ein geradezu gefährlicher Gedanke. Alles Fremde machte ihnen Angst.

Sicherheit stand an oberster Stelle der Prioritätenliste. Sicherheit der Arbeit und des Einkommens, kein Abweichen nach rechts oder links.

Später, als ich dann erwachsener geworden war, verknüpften sich die persönlichen Erinnerungen und Erzählungen der Großeltern mit dem Wissen aus dem Geschichtsunterricht. Aber ohne die Geschichten von Rübezahl, der Flucht, den Waggons und dem kleinen Bauernhof in Norddeutschland wäre das Wissen aus dem Geschichtsunterricht blass geblieben, etwas zum Auswendiglernen für die nächste Klausur. So hatte es den Geruch der Mottenkugeln, nach denen es bei meinen Großeltern immer roch.

Und wer weiß, vielleicht haben diese Geschichten, hat dieses emotionale Miterleben ihres Lebensweges letztlich meinen Weg in die Seniorenarbeit geebnet.

Leider habe ich den beiden Großeltern das nicht mehr sagen können, aber ich bin sicher, dass sie jetzt, auf der anderen Seite der Zeit, mit einem liebevollen Blick auf mich schauen, jetzt, wo sie endlich angekommen sind.

Dauer: Vorlesezeit ca. 9 Minuten
Material: die Geschichte

Schwarz-Weiß-Malerei

In vielen Gruppen älterer Menschen beobachte ich, dass Kritik selten direkt angesprochen wird. Mit dieser Einheit gebe ich Anregungen, das zu verändern.

Ich möchte dazu anregen, die Schwarz-Weiß-Malerei ganz konkret anzugehen und gezielt danach zu fragen, was die älteren Menschen positiv oder negativ einschätzen. Dinge mit klaren Worten zu kritisieren, das ist doch allemal besser, als beispielsweise nach der Veranstaltung zu nörgeln oder zu meckern. Nur wenn Kritik benannt wird, besteht die Möglichkeit, etwas zu ändern.

EIGENE ANNÄHERUNG AN DAS THEMA

Wie gehen Sie selbst mit Situationen um, in denen Sie etwas stört? Wie gut oder schlecht können Sie selbst mit Kritik umgehen? Könnten Sie solche Kritikpunkte, die in dieser Einheit in Ihrer Runde zur Sprache kommen, an die entsprechenden Stellen weiterleiten, damit gegebenenfalls Änderungen erfolgen können?

ERZÄHLIMPULS / SPIEL

ZUR ERÖFFNUNG DES THEMAS SCHWARZ-WEISS-MALEREI

Nehmen Sie sich ein Schachbrett für jeden der Tische, an denen die Senioren in Gruppen zusammensitzen. Jede Gruppe hat einen Würfel und einen gemeinsamen Spielstein. Weiter gehört ein Stapel mit Frage- oder besser Themenkarten mit zur Aktion. Diese Themenkarten gibt es in Weiß und in Schwarz.

Einer der Teilnehmenden würfelt und setzt den gemeinsamen Stein in eine beliebige Richtung, die, einmal eingeschlagen, auch beibehalten werden muss. So endet er am Ende seines Zuges unweigerlich auf einem weißen oder auf einem schwarzen Feld des Schachbretts. Dort gelandet, zieht er eine Themenkarte in Weiß bzw. in Schwarz.

Immer, wenn der Spieler auf einem weißen Feld landet, muss er also eine weiße Karte ziehen und wird nach positiven Erfahrungen oder Einschätzungen gefragt.

Landet er hingegen auf einem schwarzen Feld, zieht er eine schwarze Karte und wird nach einer negativen Erfahrung oder Einschätzung gefragt.

Wer mit Menschen mit stärkerer Beeinträchtigung des Sehvermögens arbeitet, kann alternativ auch gleich viele schwarze und weiße Bälle in einen blickdichten Sack legen, aus dem ein Spieler einen Ball herausnimmt. So wird über den gezogenen Ball entschieden, von welchem Stapel eine Karte genommen werden soll. Die Spielsteine von einem Damespiel sind hier auch eine gute Möglichkeit.

Fragen nach positiven Einschätzungen

- *Welche Arbeit der Kirche gefällt Ihnen richtig gut?*
- *Welches Land bereisen Sie gerne?*
- *Welche Musik hören Sie gerne?*
- *Welche Sendung sehen Sie gerne im Fernsehen?*
- *Welche kulturellen Veranstaltungen schätzen Sie?*

- *Welchen Verein unterstützen Sie gerne?*
- *Welches ehrenamtliche Engagement bewundern Sie?*
- *Welche Landschaft mögen Sie gerne?*
- *Welches Angebot unserer Kirchengemeinde finden Sie schön?*
- *Welches Auto gefällt Ihnen gut?*
- *Welches Musikinstrument hören Sie gerne?*
- *Welches Theaterstück haben Sie mit Freude gesehen?*
- *Erzählen Sie von einem schönen Gottesdienst, der Sie beeindruckt hat!*
- *Erzählen Sie von einer schönen Erinnerung aus Ihrer Kindheit!*

Fragen nach negativen Einschätzungen

- *Welche Arbeit der Kirche finden Sie unnötig oder überflüssig?*
- *Welches Land mögen Sie eher nicht?*
- *Welche Musik hören Sie nicht so gerne?*
- *Was missfällt Ihnen am Fernsehprogramm?*
- *Welche kulturellen Veranstaltungen könnten Ihretwegen ausfallen?*
- *Welchen Verein finden Sie unnötig?*
- *Welche Landschaft mögen Sie nicht so gerne?*
- *Erzählen Sie von einem misslungenen Tag!*
- *Erzählen Sie von Pleiten, Pech und Pannen!*

Weitere Fragen nach positiven oder negativen Einschätzungen werden Sie leicht selbst finden. Vor allem wäre es gut, auch lokale Besonderheiten mit zu bedenken und dazu entsprechend Fragen zu stellen. Schließen Sie auf jeden Fall mit einer positiven Einschätzung, damit die Zusammenkunft positiv endet.

Dauer: 30 Minuten

Material: Schachbrett, Setzstein und Würfel, bei der Variante mit Bällen einen blickdichten Stoffbeutel und Bälle in Schwarz und Weiß bzw. Spielfiguren für Dame und Mühle

KREATIVES

MECKERKASTEN

Wenn Ihre Teilnehmenden Schwierigkeiten damit haben, Kritik und Lob offen zu benennen (weil sie es in der Generation nicht gelernt haben), ist es möglicherweise leichter, etwas dazu aufzuschreiben und den Zettel in einen Meckerkasten zu legen. Gestalten Sie aus einem größeren Schuhkarton solch einen Kasten, der an zentraler Stelle im Haus stehen sollte. Laden Sie alle, die im Haus ein- und ausgehen, dazu ein, den Kasten zum Anbringen von Lob und Tadel zu nutzen. Leeren Sie den Kasten in regelmäßigen Abständen und leiten Sie die Anregungen an die entsprechenden Stellen weiter. Das ist wichtig, damit das, was genannt wurde, nicht im Sande verläuft. Sicherlich kann nicht alles umgesetzt werden, aber manchmal sind Änderungen mit wenig Aufwand möglich. Die Anregungen müssen nur ernst genommen werden.

Dauer: Das Bauen des Kastens dauert ca. eine Stunde, die Arbeit damit zieht sich über mehrere Wochen oder Monate hin. Haben Sie anfangs Geduld, bis er genutzt wird.

Material: einen Schuhkarton, Papier zum Abkleben und Dekorieren, Teppichmesser, Klebstoff, Schere

FILM

SCHWARZ-WEISS-FILM

Erinnern Sie mit einem schönen Film an die Zeit, als es noch ausschließlich den Schwarz-Weiß-Fernseher gab. Vielleicht ist die »Feuerzangenbowle« eine gute Idee? Oder Sie fragen die Teilnehmenden nach einem Filmwunsch.

Dauer: je nach Film unterschiedlich

Material: den Film, eine Vorführmöglichkeit, eine Leinwand, ggf. Verdunkelung des Raumes

KREATIVES

SCHWARZ-WEISS-GEBÄCK

Die Mürbeteigplätzchen, die auch Schwarz-Weiß-Gebäck heißen, kann man zu dieser Einheit entweder gekauft anbieten oder, wenn die räumlichen Möglichkeiten das hergeben, auch selbst herstellen. Das Muster im Gebäck entsteht ja, weil ein Teil des Teigs Kakao enthält. So bekommt das Gebäck Streifen, Karos oder Schlieren als Muster.

Ein Rezept finden Sie zum Beispiel auf dieser Internetseite: http://www.chefkoch.de/rezepte/996691204985261/Schwarz-Weiss-Gebaeck.html

LIEDER

Lassen Sie die Teilnehmenden Lieder zusammentragen, in denen die beiden Farben vorkommen. So könnte die Liste aussehen:

- *Weiße Rosen aus Athen*
- *Wenn der weiße Flieder wieder blüht*
- *Ganz in Weiß mit einem Blumenstrauß*
- *Schwarzbraun ist die Haselnuss*
- *Der Mond ist aufgegangen (der Wald steht schwarz und schweiget)*
- *Schwarz, schwarz, schwarz sind alle meine Kleider*
- *Weiß, weiß, weiß sind alle meine Kleider*
- *Schornsteinfegerlied*

Sicherlich werden einige der Lieder auch angestimmt werden.

Dauer: nur für das Sammeln 10 Minuten, wenn gesungen wird auch länger
Material: keines, ggf. ein Flipchart zum Notieren der Nennungen

ASSOZIATIONEN ZU DEN FARBEN SCHWARZ UND WEISS

Lassen Sie die Teilnehmenden zusammentragen, was ihnen alles zum Thema Schwarz und Weiß einfällt.

- *Schwarze Kunst (Buchdruckerei)*
- *Bremer Kluten (eine Süßigkeit mit Pfefferminze und Schokolade)*
- Schwarzbier
- Weißbier
- Schwarze Magie
- Weiße Magie
- Schwarzwild
- Schwarze Oliven
- Schwarzer Kaffee
- Schwarzer Tee
- Schwarze und weiße Schwäne
- Schwarzwald
- Schwarze Witwe
- Schwarzsauer
- Schwarzwurzeln
- Schwarzbrot
- Weißbrot
- *Pfeffer und Salz (auch als Bezeichnung für ein Stoffmuster)*
- Schwarzer Peter
- Weiße Mäuse

Dauer: 10 Minuten

Material: ggf. ein Flipchart zum Notieren der Nennungen

Sie können die Assoziationen auch nutzen, um mit den Teilnehmenden ein Quiz zu veranstalten. Die Fragen haben natürlich auch alle mit den Farben Schwarz und Weiß zu tun.

Folgende Fragen sind möglich:

- *Wie nennt man Menschen und Tiere ohne Farbpigmente?*

- *Was ist eine Schwarze Witwe?*

- *Wie nennt man ein Stoffmuster in den Farben Schwarz und Weiß?*

- *Wovon ist der Feldberg der höchste Berg?*

- *Wofür sind »Weiße Mäuse« eine Art Spitzname?*

- *Was ist die Schwarze Kunst?*

- *Welches Tier wird auch Schwarzkittel genannt?*

- *Welche Tiermutter erkennt ihr Kind an der einzigartigen schwarz-weißen Musterung?*

- *Was ist auf der übrig bleibenden Karte beim Spiel »Schwarzer Peter« abgebildet?*

- *Welche Tiere gibt es in Schwarz und in Weiß?*

Hier natürlich auch die Antworten für Sie:

- *Albinos*

- *Eine Spinne*

- *Pfeffer und Salz oder Pepita*

- *Schwarzwald*

- *Polizei*

- *Buchdruckerkunst*

- *Wildschwein*

- *Zebra*

- *Schornsteinfeger*

- *Schwäne*

Dauer: 10 Minuten

Material: wenn Sie mögen ein Gitter mit zehn Feldern, in die Sie die Zahlen 1 – 10 schreiben und dann die bereits abgerufenen ausstreichen

ZUM VORLESEN

Beim Zusammentragen der Ideen für diese Einheit fielen mir auch die Begriffe »schwarze und weiße Magie« ein, mit denen ich an ein besonders kurioses, ja skurriles Erlebnis aus meiner Anfangszeit als Diakonin erinnert wurde.

ZUFALLSBEKANNTSCHAFTEN

Mein Auto war kaputt gegangen und ich musste mit dem Zug zu einem Termin in die nahe gelegene Stadt Oldenburg fahren. Auf dem Hinweg gab es keine besonderen Vorkommnisse, und auch der Termin selbst hatte nichts, was merkwürdig zu nennen wäre. Die Heimfahrt allerdings war spannend, geradezu surreal. Ich saß zunächst allein in einem Abteil und las in einer Zeitung. Kurz vor der Abfahrt des Zuges gesellte sich ein junger Mann zu mir, der sogleich ein Gespräch mit mir begann. In einer Art Small Talk stellte er die üblichen Fragen nach dem Woher und Wohin, nach

Arbeit und Freizeit. Allein beim Antworten schien er mir überhaupt nicht zuzuhören. Er starrte ständig auf meinen Mund. Langsam hatte ich den Eindruck, dass er nur etwas fragte, um meine Zähne sehen zu können. Zugegeben, mein Esszimmer ist keines dieser strahlenden Blendax-Gebisse, aber ich fand es bis dato eigentlich immer ganz normal.

Stellte ich eine Frage an mein Gegenüber, fiel die Antwort kurz und knapp aus. Es schloss sich aber sofort eine weitere Frage an mich an, wieder mit diesem intensiven Blick, den ich immer weniger deuten konnte. Hatte ich denn Schnittlauch zwischen den Zähnen? Oder Heidelbeeren? Ich erinnerte mich nicht, dergleichen gegessen zu haben.

Langsam wurden meine Antworten kürzer, denn ich wollte den Kontakt nicht intensivieren. Schließlich beugte der junge Mann sich zu mir vor und sagte im Flüsterton: »Meine Güte, hast du Eckzähne! Lässt du die abschleifen, wenn die nachwachsen?«

Ich muss wohl geschaut haben wie mein kaputtes Auto, denn nun bildete auch sein Gesicht ein Fragezeichen. »Ja«, sagte er dann, »ich dachte, du gehörst auch zum Zirkel der weißen Hexen, machst weiße Magie! So wie ich! Ich dachte, wir sind Kollegen!«

Ich war unendlich dankbar, dass es auf dem Schienenabschnitt keine Tunnel gab. Ich lachte etwas gequält und redete sicherlich wirres Zeug. Mein ganzes Dichten und Trachten war auf den hoffentlich bald kommenden Bahnhof ausgerichtet, an dem ich aussteigen konnte. Ich erzählte noch etwas von meiner Arbeit bei der Kirche, was den jungen Mann besonders in Bezug auf die Hexenverbrennung wirklich brennend interessierte. Wie ich das immer in solchen Situationen tue, redete ich ohne Punkt und Komma, sodass ich das Thema in der Hand hatte. Ich hatte allerdings immer das Bedürfnis, mir die Hand vor den Mund zu halten. Wie Glockengeläut kam mir die Stimme des Ansagers im Zug vor, der endlich ankündigte: »Nächster Halt: Rastede!« Nahezu fluchtartig verließ ich den Zug, radelte in Windeseile nach Hause und schaute erst einmal in den Spiegel. Also ich fand alles normal. Aber was ist schon normal?

Dauer: Vorlesezeit 7 Minuten

Material: die Geschichte

Sportunterricht früher – Leibesübungen, Bewegungs- ertüchtigung und Fußball

Das Thema Sport ist einmal mehr ein Impuls, der auch männ- liche Teilnehmende gut ansprechen wird. An den Unterricht im Sport oder in Leibesübungen, wie es früher hieß, gibt es vielfältige Erinnerungen. Die Lehrer in diesem Fach waren in der Regel besondere Typen, entweder besonders be- liebt oder besonders kritisch gesehen. Auf jeden Fall sollten Sie das Thema auch praktisch angehen und es mit einigen Übungen zur Seniorengymnastik verbinden. Suchen Sie sich dazu gegebenenfalls Hilfen. Orientieren Sie sich dabei im- mer an denjenigen Teilnehmenden, die die meisten Ein- schränkungen haben. Wenn also einige nicht aufstehen können, bleiben Sie bei Übungen im Sitzen, weil sich sonst diejenigen, die nicht mitmachen können, noch zusätzlich bloßgestellt fühlen. Diese Internetseite bietet gute Übungen: http://www.gesundheit.de/medizin/alter-und-pflege/sport- im-alter/seniorengymnastik.

EIGENE ANNÄHERUNG AN DAS THEMA

Wie sportlich sind Sie selber? Welche Sportarten kennen und mögen Sie? Können Sie ohne allzu großen Aufwand einige Anschauungsstücke zum Thema beschaffen und in Ihrem Treffpunkt zeigen? Finden Sie in Ihrer Nähe einen Sportverein, der auch Angebote für die ältere Generation macht und aus dem Sie einige Vertreter zur Unterstützung bei diesem Thema einladen könnten? Kennen Sie einen Physiotherapeuten, der Sie unterstützen kann?

GESPRÄCHSIMPULS

ERINNERUNGSFRAGEN

Fragen Sie nach Erinnerungen an den Turnunterricht früher. So könnten die Fragen aussehen:

- *Was haben Sie früher im Turnunterricht für Sportarten ausgeübt?*
- *Gab es getrennten Unterricht für Mädchen und Jungen?*
- *Was hatte man im Sportunterricht an?*
- *Erzählen Sie von dem berühmten Turnbeutel, den man immer zum Sport dabeihaben musste!*
- *Welche Sportarten haben Sie außerhalb der Schule in der Freizeit ausgeübt?*
- *Waren Sie in einem Turn- oder Sportverein? Erzählen Sie davon!*
- *Welche Spiele haben Sie im Turnunterricht gerne gespielt?*
- *Gab es auch Unterricht im Schwimmen?*
- *Gab es Unterschiede zwischen dem Turnunterricht im Sommer und im Winter?*

Wenn Sie bei »google.de« die Stichworte »Bilder – Sport – früher« eingeben, finden Sie schöne Szenen vom Sport in früher.er Zeit. Sie können die Bilder ausdrucken und die Fragen (siehe oben) in groß ausgedruckt auf die Rückseiten der Bilder kleben. Dann legen Sie die Bilder mit der Bildseite nach oben auf den Tisch, lassen Sie jeweils eine Karte ziehen und von der Gesprächsrunde beantworten.

Dauer: 30 Minuten

Material: die Fragen oder die Bilder aus dem Internet mit den Fragen auf der Rückseite

SPORTGERÄTE FRÜHER IN DER SCHULE

Lassen Sie die Teilnehmenden zusammentragen, welche Sportgeräte es früher in der Schule gab. Auch die Beschreibung der Turnhalle ist interessant. Zum Beispiel:

- *Barren*
- *Schwebebalken*
- *Pferd*
- *Ringe*
- *Boden*

Dauer: 10 Minuten

Material: keines

HILFESTELLUNG

Anregend ist sicherlich auch die Frage nach der Hilfestellung, die die Schüler einander geben mussten und mit der es nicht immer so ganz geklappt hat. Es war ja oft eine

Frage des Vertrauens dem Mitschüler gegenüber, wenn man beim Sprung über den Barren festgehalten werden sollte.

Dauer: 10 Minuten

Material: keines

GESPRÄCHSIMPULS

SPIELE AUF DEM SCHULHOF ODER IN DER FREIZEIT

Lassen Sie die Teilnehmenden viel dazu erzählen und werfen Sie immer mal wieder ein neues Stichwort in die Runde.

- *Verstecken*
- *Räuber und Gendarm*
- *Gummitwist*
- *Katz und Maus*
- *Sackhüpfen*
- *Tauziehen*
- *Seilspringen*
- *Ringelreihen*
- *Himmel und Hölle*

Diese Internetseite bietet dazu Informationen: http://www.langenbach-info.de/Brauchtum/Spiele/spiele.html

Dauer: 10 Minuten

Material: keines

MANNSCHAFTEN WÄHLEN

Vor allem die eher unsportlichen Menschen können sich gut an die Qual erinnern, die beim Wählen der Mannschaften für diejenigen entstand, die erst sehr spät oder gar als Letzte in eine Mannschaft gewählt wurden. Erinnern Sie die Teilnehmenden an das Gefühl, das man dabei hatte. Ich bin sicher, kaum jemand hat das vergessen. Heute kann man hoffentlich darüber lachen.

Dauer: 10 Minuten

Material: keines

FUSSBALL

Zum Sport gehört auf jeden Fall auch der Fußball – inzwischen nicht mehr nur für die Männer. Besonders die älteren Herren erinnern sich gern an die WM 1954 und das Wunder von Bern, in dem die Partie Deutschland – Ungarn 3:2 ausgeht. Das war ja viel mehr als ein Fußballergebnis.

Fragen Sie nach den Namen der Spieler von 1954.

Deutschland:

Toni Turek, Jupp Posipal, Werner Kohlmeyer, Horst Eckel, Werner Liebrich, Karl Mai, Helmut Rahn, Max Morlock, Ottmar Walter, Fritz Walter, Hans Schäfer

Ungarn:

Gyula Grosics, Mihály Lantos, Jenő Buzánszky, József Bozsik, Gyula Lóránt, József Zakariás, Mihály Tóth, Sándor Kocsis, Nándor Hidegkuti, Ferenc Puskás, Zoltán Czibor

Und nach den Torschützen.

Tore:

0:1 Ferenc Puskás (6.), 0:2 Zoltán Czibor (8.), 1:2 Max Morlock (10.), 2:2 Helmut Rahn (18.), 3:2 Helmut Rahn (84.)

Fragen Sie dazu noch ein wenig weiter:

- *Wie haben Sie die Spiele der WM 1954 mitverfolgt?*
- *Welchen Spieler haben Sie besonders gemocht?*
- *Kann jemand von Ihnen den dreimaligen Ruf:* »*Tor, Tor, Tor!*« *des Moderators nachmachen? Wir hören gerne zu.*
- *Gab es früher in den Gaststätten einen Fernseher, an dem man mitschauen konnte?*
- *Hat man sich zum Fußballschauen verabredet?*
- *Haben nur die Männer oder auch die Frauen Fußball geschaut?*
- *Welche Erinnerungen haben Sie an den Moderator Herbert Zimmermann?*

Auf dieser Internetseite können Sie noch die Worte von Zimmermann in den letzten Minuten des Spiels nachlesen: http://de.wikipedia.org/wiki/Herbert_Zimmermann_(Reporter) und hier können Sie den Kommentar sogar noch einmal hören: https://www.youtube.com/watch?v=OaeEYmIWkjM)

Links zu Informationen über die WM 1954: http://de.wikipedia.org/wiki/Fu%C3%9Fball-Weltmeisterschaft_1954/Deutschland

Dauer: 20 Minuten

Material: keines

SPORTLICH

Mein Mann und ich sind eher unsportlich. Im Winter ist es uns zu kalt für derlei Aktivitäten, im Sommer zu warm. Und wenn das Wetter für Sport gerade passend wäre, finden wir eben eine andere Ausrede. Hin und wieder gibt es Versuche, die aber durch widrige Umstände sehr schnell torpediert werden.

Dennoch, unser nächstes Urlaubsziel hat uns zu einem neuen Anlauf in Sachen sportlicher Betätigung angestiftet. Wir wollten die Cinque Terre besuchen, ein Gebiet in Ligurien, bei dem es so aussieht, als habe der liebe Gott fünf Dörfer einfach vom Meer aus an die Felsküste geklatscht. Man kann diese fünf Dörfer zwar mit dem Auto anfahren, aber nicht mit dem Auto von einem Dorf zum anderen gelangen. Das geht nur mit dem Schiff oder mit dem Zug. Oder eben auf Wanderwegen, die ganz idyllisch oben an der Felsküste entlangführen und von denen man bezaubernde Blicke auf die Küste und die Dörfer hat.

Also kauften wir flugs für jeden von uns eine Wanderausrüstung, die aus dicken Wanderschuhen, atmungsaktiver Kleidung und einer großen Schachtel Blasenpflaster bestand. Wir übten ein wenig hier zu Hause, denn man sollte die Schuhe unbedingt einlaufen. Es sah komisch aus, wenn wir in Haus und Garten nun auf einmal mit diesen festen Schuhen herumliefen. Hier in unserer flachen Gegend in Norddeutsch-

land, wo man vormittags schon sehen kann, wer nachmittags zu Besuch kommt, kamen wir mit den Wanderschuhen ganz gut zurecht. Das sollte sich am Urlaubsziel schnell ändern. Die Wanderwege dort sind steil und schmal und auch viel länger als bei uns der Weg vom Haus zum Ende des Gartens. Aber dafür sind die insgesamt 8000 km langen Wanderwege dort gesäumt von Weinbergen.

Also suchten wir uns zuerst die einfachste Route aus, die am wenigsten steil und nicht zu lang war. Am Abend vor der »Erstbesteigung« lasen wir nach, was man auf diesem Weg alles sehen könnte, welche nur auf diese Weise zu erhaschenden Ausblicke es gäbe und wo man einkehren könnte. Voller Vorfreude und ein wenig stolz darauf, den inneren Schweinehund dieses Mal überwinden zu können, nahmen wir erst einmal die Weine der Gegend in Augenschein und verkosteten sie auf unserem Balkon mit einem herrlichen Blick über die Klippen aufs Wasser. Es wurde ein langer und schöner Abend, der erst beendet wurde, als immer wieder Mücken uns umschwirrten.

Am nächsten Morgen legten wir nach einem stärkenden Frühstück unsere Wanderausrüstung an und starteten in unser Abenteuer. Mein Mann wurde nach einiger Zeit immer langsamer. Manchmal blieb er stehen, um an seiner Wandersocke zu ziehen. Seine Freude über die Weinberge schwand dahin und er brauchte eine Pause. Weil man im Urlaub ruhig auch schon vormittags mal ein Gläschen Wein oder einen leckeren Spritz trinken kann, taten wir genau das in einer kleinen Bar. Der Fuß meines persönlichen Hirten war arg angeschwollen. Direkt am Knöchel hatte ihn eine Tigermücke gestochen, die vorher auf irgendwelchen unappetitlichen Dingen gesessen haben musste. Alles Kühlen half nichts. Die Tigermücke hatte unsere sportlichen Absichten unterwandert. Wir gingen in eine Apotheke, wo uns der Mitarbeiter eine antibiotikahaltige Salbe verkaufte und Ruhe für den Fuß verordnete.

Weil gerade die Fußballweltmeisterschaft lief, wechselten wir auf die Seite der Passivsportler und schauten uns die Spiele in einer kleinen Bar an. Nachdem die italienische Mannschaft ausgeschieden war, favorisierten die Italiener die Deutschen und wir kamen munter ins Gespräch miteinander. »Fantastico Muller!« gefiel ihnen am besten, auch wenn sie seinen Namen wegen des Üs nicht aussprechen konnten. Aber auch Schweinsteiger faszinierte sie, vor allem, seit ich ihnen erzählt hatte, wie man seinen Namen übersetzen könnte, Schweinekletterer. Und dass der Name des schnellen Philipp Lahm in italienischer Sprache »zoppo« heißen würde, brachte sie dann vollends aus der Fassung. Diese Deutschen sind schon komisch, lautete ihr Urteil.

So über die sportliche Schiene ins Gespräch gekommen, interessierten sie sich weiter für uns, fragten nach Wohnort und Beruf, nach bisherigen Urlaubszielen in Italien und nach unserer Einschätzung der Regierung Berlusconi.

Bei der Frage nach dem Beruf meines Mannes gibt es in der italienischen Konversation immer einen besonderen Leckerbissen für mich. Mein Mann ist Deutscher, Tedesco also, und er ist Pfarrer, also ein Pastore. Wenn ich aber sage, mein Mann sei ein Pastore Tedesco, dann schauen mich immer alle an, als hätte ich zu lange in der Sonne gesessen oder zu viel Spritz getrunken. Auf jeden Fall reagieren sie genau so wie früher mein Lateinlehrer, wenn ich die Vokabeln mal wieder gar zu eigenwillig übersetzt hatte.

Pastore Tedesco, der »deutsche Hirte« oder »Schäfer«, ist nämlich auch das italienische Wort für Schäferhund, den

»deutschen Schäfer«, wie diese Hunderasse auf Italienisch heißt. Streng genommen habe ich für italienische Ohren also gerade behauptet, ich sei mit einem Schäferhund verheiratet. Ich weiß das wohl, aber es macht solch einen Spaß, diese Verwirrung zu erzeugen, dass kein Italienurlaub vergeht, ohne dass ich dieses Spielchen mindestens einmal gespielt hätte.

Weil also die Tigermücke unsere sportlichen Ambitionen zunächst lahmgelegt hatte, besuchten wir zwischen den Fußballspielen die Dörfer mit dem Schiff oder mit dem Zug. Und die vielen italienischen Konversationen nötigten uns ja wenigstens zu einer Art Gehirnjogging. Dazu bräuchte man allerdings keine Wanderschuhe. Blasenpflaster auch nicht, eher Lippencreme, denn vom vielen Parlieren kriegt man ja bekanntlich Fransen am Mund.

Dauer: Vorlesezeit 12 Minuten

Material: die Geschichte

ZUM VORLESEN

Noch eine Geschichte in plattdeutscher Sprache

FOOTBALL

Wenn David an'n Sonndag to de Kinnerkark kummt, denn is dat beter, at ik to rechte Tiet vorher de Ergebnisse von'n Football ankeken hebb. Wenn nämlich sien Vereen Werder Bremen verloren hett, denn kiekt David temich unglücklich ut de Wäsche. Wi möt em beten upboon. Un wi möt uppassen, at he nich neben Linus to sitten kummt. Linus is Fan von Bayern München. Un nu stellt jo eben vor, Bremen hett

gegen Bayern verloren. Denn is dat gornich mehr so een-
fach, von de Leevde, de Gott us schunken hett, to vertelln.
Den targt de beiden Jungs sick egolwech. Wenn wi Blomen
upmolt, denn molt Linus dree Stück, wiel doch Bayern dree
Tore schoten hett. Notürlich wiest he David de dree Blomen
un egentlich wiest he er nich, he schmert se em unner de
Näs. Wenn wi Fische utschniern wüllt, denn hett David fief
Fische in siene Hannen, denn Werder hett fief Tore schoten.
Wi kommt mit dat, wat wi us för dissen Sonndach utdacht
hebbt, nich so richtig in'ne Gänge. Also fot wi ut'n Lameng
den Entschluss, öber ene Mannschup to schnacken un dor-
öber, wat nöddig is, dormit ene Mannschup god arbeiten
kann. Dor sünd de Jungs furs mittenmang dorbi. Dor kennt
se sick mit ut un dat lucht eer furs in. So mutt Kark woll
wesen, dormit se eren Platz in de Harten von lüttje Foot-
ballers finnen kann. Un so ganz sinnig kommt wi denn doch
up usen Globen to schnacken, denn ok wi Christen scholt
jo ene Mannschup wesen, wo jedeneen von us an sien Platz
siene Arbeit deit, so at de leeve Gott sick dat dacht hett, at
he just dissen Minschen mokt hett.

Dauer: Vorlesezeit 5 Minuten

Material: die Geschichte

Ich hoffe, dass auch die Auswärtigen wenigstens den Sinn
der Geschichte verstehen können.
Auf Hochdeutsch finden Sie diese Geschichte in leicht ver-
änderter Form in dem Vorlesebuch »Es glockt schon«, auf
das ich schon verschiedentlich hingewiesen habe.

Musik

Die Musik ist zu allen Jahreszeiten ein schönes Thema im Zusammensein mit älteren Menschen. Mit Musik werden viele Emotionen verbunden, schöne wie weniger schöne. Musik hilft unserem Gedächtnis auf die Sprünge, weil die Melodien und Klänge auch dann noch erinnert werden, wenn Menschen von einer Demenz betroffen sind. Es ist immer wieder erstaunlich, dass Demenzkranke sich an Melodien und Texte erinnern und gerne mitsingen, wenn viele andere Gedächtnisleistungen längst verschüttet sind.

EIGENE ANNÄHERUNG AN DAS THEMA

Welche Musik hören Sie selbst gerne? Welche technischen Möglichkeiten gibt es in Ihren Räumlichkeiten, Musik zu Gehör zu bringen? Welche Musikrichtung bevorzugen die alten Menschen, die zu Ihrem Kreis gehören? Kennen Sie jemanden, der Live-Musik macht und der Sie bei Ihrer Arbeit unterstützen könnte? Gibt es unter Ihren Teilnehmenden einige, die ein Instrument spielen und es mitbringen könnten? Können Sie den Organisten oder die Organistin Ihrer Gemeinde zu diesem Thema um Mitarbeit bitten? Könnte nicht häufiger mal ein Chor seine Generalprobe vor einem Konzert im Altenpflegeheim abhalten, damit die älteren Menschen problemloser dabei sein könnten?

MUSIKALISCHER LEBENSLAUF

Suchen Sie sich ein altes Gesangbuch, das nicht mehr benötigt wird, und reißen Sie einige Blätter mit Noten heraus. Kleben Sie die Notenseiten auf eine Pappe und schreiben Sie auf die Rückseite die folgenden Fragen, die Ihre Teilnehmenden zum Erzählen über den eigenen musikalischen Lebenslauf einladen. So könnten die Fragen aussehen:

* *Waren Sie in Ihrem Leben in einem Chor? Erzählen Sie davon!*

* *Welche Musikinstrumente hören Sie gerne?*

* *Können Sie ein Musikinstrument spielen? Erzählen Sie davon!*

* *Gibt es ein Lied oder einen Schlager, mit dem Sie eine besondere Erinnerung verbinden?*

* *Welchen Komponisten hören Sie gerne?*

* *Erzählen Sie von einem besonderen Musikerlebnis, einem Konzert oder Ähnlichem!*

* *Welche Opern hören Sie gerne?*

* *Welche Operetten kennen Sie?*

* *Welchen Schlagersänger oder welche Schlagersängerin hören Sie gerne?*

* *Welche Musik mögen Sie gar nicht?*

* *Als die Musik der Beatles aufkam, sagten viele ältere Menschen, das sei ja »Hottentottenmusik«. Wie ist es Ihnen mit dieser neuen Musikrichtung ergangen?*

Dauer: 15 Minuten

Material: Notenblätter mit den Fragen auf der Rückseite

GESPRÄCHSIMPULS / ERINNERUNGSSPIEL

FRAGEN ZU ALTEN SCHLAGERN

Je nachdem, zu welchen Jahrgängen die Menschen gehören, mit denen Sie arbeiten, werden sich die Teilnehmenden an unterschiedlich alte Lieder erinnern. Die im Folgenden aufgeführten gehören auf jeden Fall dazu.

1. *Von wo bis wo ist Marlene Dietrich auf Liebe eingestellt?*

2. *Mit welchen Worten beginnt das Lied »Lilli Marleen«?*

3. *Wessen Herzen bricht Heinz Rühmann?*

4. *Wie spät ist es in dem Lied auf der Reeperbahn?*

5. *Wer hat Glück bei den Frauen?*

6. *Wer soll auf die Schaukel kommen?*

7. *Welches Instrument müsste man spielen können?*

8. *Wem wird der Lenz angekündigt?*

9. *Lilian Harvey und Willy Fritsch wären gerne welches Tier?*

10. *Was ist das Beste, das es gibt auf der Welt?*

11. *Wann ist der Mensch nicht gern alleine?*

12. *Marlene Dietrich sagt von sich, sie sei die fesche …?*

13. *Wer hat Zarah Leander ein Lied erzählt?*

14. *Wem wird die Freude an einem neuen langen Kleid durch schöne Beine verdorben?*

15. *Davon geht was nicht unter?*

16. *Wovon wird eine Frau erst schön?*

17. *Wen kann das nicht erschüttern?*

18. *Wo wäre ich bei Wochenend und Sonnenschein am liebsten?*

19. *Wann will mein Süßer mit mir segeln gehen?*

20. *Was soll der Flieger mir grüßen?*

21. *Was kann denn Liebe sein?*

22. *Was – so weiß Zarah Leander – wird einmal geschehn?*

23. *Welche Stadt besingt Rudi Schuricke und nennt sie »Oh mia bella«?*

24. *Wo kennt man zwei kleine Italiener?*

25. *Was bleibt, wenn die Laternen vom Stadtpark ausgehen?*

Hier die Antworten für Sie:

1. von Kopf bis Fuß
2. Vor der Kaserne, vor dem großen Tor
3. der stolzesten Fraun
4. nachts um halb eins
5. Bel Ami
6. Luise
7. Klavier
8. Veronika
9. ein Huhn
10. ein Freund, ein guter Freund
11. in der Nacht
12. Lola
13. der Wind
14. Elisabeth
15. die Welt
16. durch die Liebe
17. einen Seemann
18. im Wald allein
19. am Sonntag
20. die Sonne
21. Sünde

22. *ein Wunder*

23. *Napoli*

24. *am Bahnhof*

25. *der Sternenschein*

Auf den ersten Blick sieht es nur nach einer sehr kurzen Idee aus, ich bin aber sicher, dass die Teilnehmenden die Lieder auch gerne anstimmen. Vielleicht haben Sie einige als Hörprobe dabei.

Dauer: wenn nur geraten wird 10 Minuten, mit Singen länger

Material: die Fragen, ggf. Hörbeispiele und eine Abspielmöglichkeit

ERGÄNZUNGSSPIEL

LIEDER ERGÄNZEN LASSEN

Nennen Sie jeweils die ersten Worte der folgenden Lieder und lassen Sie die Teilnehmenden ergänzen.

Wenn Sie den Schwierigkeitsgrad erhöhen wollen, bietet es sich an, den zweiten Teil des Liedes zu benennen und den ersten Teil finden zu lassen.

So nimm denn..*meine Hände*

Komm, sag es ....*allen weiter*

Jesus, meine..*Zuversicht*

Ein Vogel wollte ....*Hochzeit machen*

Der Kuckuck und ....*der Esel*

Am Brunnen vor...*dem Tore*

Es waren zwei.................................... *Königskinder*

Horch, was kommt.............................*von draußen rein*

Sah ein Knab..................................... *ein Röslein stehn*

Komm, lieber Mai ......*und mache die Bäume wieder grün*

Bunt sind schon .... *die Wälder*

Der Mai ist..*gekommen*

Hoch auf dem.................................... *gelben Wagen*

Lustig ist das .... *Zigeunerleben*

Ich bin der Doktor ....*Eisenbart*

Hejo, spann...................................... *den Wagen an*

Schön ist ....*die Welt*

Grün, grün, grün ....*sind alle meine Kleider*

Auf der Mauer.................................. *auf der Lauer*

Oh, du lieber..................................... *Augustin*

Vom Aufgang der ....*Sonne*

Kein schöner .... *Land*

Der Mond ist....................................*aufgegangen*

Im Märzen ....*der Bauer*

Kuckuck, Kuckuck ....*ruft's aus dem Wald*

Bruder..*Jakob*

Winter ade ....*scheiden tut weh*

Alle Vögel.. *sind schon da*

Befiehl du deine .... *Wege*

Es tönen ....*die Lieder*

Hab mein Wagen................................ *vollgeladen*

Ich weiß nicht, was..............................*soll es bedeuten*

Nehmt Abschied..*Brüder*

Großer Gott.......................................*wir loben dich*

Das Wandern ist.........................*des Müllers Lust*

Nun ade du mein.........................*lieb Heimatland*

Sie können auch Liederbücher verteilen und die Teilnehmenden dazu auffordern, selbst für die anderen Liedanfänge und Ergänzungsaufgaben zu suchen.
Rechnen Sie immer damit, dass viele Lieder auch angestimmt werden.

Dauer: für die Ergänzungen 10 Minuten, mit Singen länger

Material: die Liedanfänge

RATESPIEL

VERDREHTE LIEDER

Verfremden bzw. umschreiben Sie Schlagertitel so, dass es ein wenig schwierig ist, auf die richtige Lösung zu kommen. Hier einige Beispiele, die Ihnen helfen, die Idee zu verstehen und weiterzuentwickeln. Die Lösungen finden Sie weiter unten, damit Sie selbst auch erst einmal raten können:

1. *Farblose Blumenkönigin aus der griechischen Hauptstadt*

2. *Auf einer italienischen Insel gibt es heftiges Abendrot*

3. *Besonders harte Materialien gehen dennoch entzwei*

4. *Die komplette französische Hauptstadt träumt von einer positiven Beziehung*

5. *Nimm etwas mit, damit wir zum Schwimmen gehen können*

6. *Gegenteil von der Frau an der Geige*

7. *Sohn soll zeitnah zurückkehren*

8. *Ich rechne ständig zusammen, was mich bekümmert*

9. *Zwiebelgewächse aus holländischer Stadt*

10. *Auf amerikanischer Insel fehlt der Gerstensaft*

11. *Wenn spannende Lektüre aus dem Verbrechermilieu fehlt, geht die Dame des Hauses nicht schlafen*

12. *Mann mit eher altmodischem Namen steht da, wo heute Manuel Neuer steht*

13. *So denken auch alle regelmäßigen Besucher des Gottesdienstes*

14. *Geografische Lage einer indischen Stadt am heiligen Fluss*

15. *Mitbringsel von Reisen*

16. *Rosen, Lippen, Wein – alle in derselben Farbe*

17. *Ein wichtiges Reiseutensil von mir ist noch in der Hauptstadt*

18. *Abschiedsgruß an die italienische Hauptstadt*

19. *In einem nicht wirklich großen Café*

20. *Samstag und Sonntag und kein Regen*

Lösung:

1. *Weiße Rosen aus Athen*
2. *Wenn bei Capri die rote Sonne im Meer versinkt*
3. *Marmor, Stein und Eisen bricht*
4. *Ganz Paris träumt von der Liebe*
5. *Pack die Badehose ein*
6. *Der Mann am Klavier*
7. *Junge, komm bald wieder*
8. *Ich zähle täglich meine Sorgen*
9. *Tulpen aus Amsterdam*
10. *Es gibt kein Bier auf Hawaii*
11. *Ohne Krimi geht die Mimi nie ins Bett*
12. *Der Theodor im Fußballtor*
13. *Immer wieder sonntags*
14. *Kalkutta liegt am Ganges*
15. *Souvenirs, Souvenirs*
16. *Rote Rosen, rote Lippen, roter Wein*
17. *Ich hab noch einen Koffer in Berlin*
18. *Arrivederci Roma*
19. *In einer kleinen Konditorei*
20. *Wochenend und Sonnenschein*

Dauer: 10 Minuten, mit Singen länger

Material: die verdrehten, verfremdeten, umschriebenen Schlagertitel

HÖRBEISPIELE

Auf der CD »Auf Wiederhören«, die vom Bundesverband für Gedächtnistraining herausgegeben wurde, gibt es viele schöne Hörbeispiele, die den älteren Menschen viel Freude machen. Vielleicht können Sie bei entsprechender technischer Ausstattung selbst so eine CD erstellen, indem Sie markante Geräusche aufnehmen. Beim Basar oder Sommerfest ist so eine CD sicher gefragt.

Hier einige Geräusche, die man gut wiedererkennen kann:

- *Kaffeemaschine*
- *Telefon*
- *Wasser ausgießen*
- *Zähne putzen*
- *Nase putzen*
- *Treppe steigen*
- *Türklingel*
- *Waschmaschine*

- *Auto springt an*
- *Gardinen zuziehen*
- *Trinken, besonders mit dem Strohhalm*
- *Klatschen*
- *Schnipsen*
- *Schnalzen*
- *Klopfen*

Dauer: das Aufnehmen ca. 30 Minuten, die Arbeit mit der Technik erheblich länger

Material: je nach gewünschtem Geräusch unterschiedlich, Aufnahmetechnik und Technik zum Erstellen von weiteren CDs

ALLES MUSS KLEIN BEGINNEN – LIED MIT GERÄUSCHEN UND BEWEGUNGEN

Ein Lied, das ich aus dem Kindergottesdienst kenne, hat einen schönen Kehrvers, der mit Geräuschen und Bewegungen verbunden ist. Es heißt: »Alles muss klein beginnen«. Sie finden die Noten im Liederbuch »Menschenskinderlieder«. Die Verse sind recht schwer zu singen, aber der Kehrvers macht mit seinen Bewegungen viel Spaß.

Alles muss klein beginnen
   (die Handflächen werden zweimal aneinander gerieben)
Lass etwas Zeit verrinnen
   (es wird mit beiden Händen mit Daumen und Mittelfinger zweimal geschnipst)
Es muss nur Kraft gewinnen
   (es wird zweimal in die Hände geklatscht)
Und endlich ist es groß
   (es wird zweimal mit den Füßen aufgestampft)

Wenn das Lied mit seinen Bewegungen sich gut eingeprägt hat, können Sie dazu auffordern, man möge zusammentragen, für was diese Behauptung alles gilt. So könnten die Antworten aussehen:

• *Für den Glauben*

• *Für die Liebe*

• *Für das Vertrauen von Menschen untereinander*

• *Für das Lernen*

• *Für alle unsere Fähigkeiten*

Lassen Sie die Teilnehmenden ihre Ideen zu der Frage äußern und stimmen Sie nach jeder Nennung erneut das Lied an.

Auf dieser Internetseite können Sie das Lied kostenlos anhören: http://www. simfy.de/artists/146771-Gerhard-Schoene

Dauer: mit dem Erlernen des Liedes und mehrmaligem Singen 10 Minuten

Material: keines

BEWEGUNGSSPIEL

WARM-UP

Neuerdings ist es in Gruppen der Renner, bei kleinen Ermüdungserscheinungen oder zur Motivation zwischendurch sogenannte Warm-ups durchzuführen. Das sind kleine Lieder mit Bewegungen, die eingängig und meist auch witzig sind. Eines davon ist dieses:

1. *Mein*

2. *Dackel Waldemar*

3. *und ich,*

4. *wir zwei,*

5. *wir wohnen Regenbogenstraße*

6. *drei.*

7. *Und wenn wir nachts um die Häuser ziehn,*

8. *dann kann man Dackelbeine wackeln sehn.*

Hier nun zu den einzelnen Wörtern oder Satzteilen die Bewegungen:

1. *Alle zeigen auf sich selbst.*

2. *Man bückt sich und streichelt einen imaginären Hund.*

3. *Alle zeigen wieder auf sich selbst.*

4. *Mit der rechten Hand werden mit Daumen und Zeige-finger zwei gezeigt.*

5. *Mit der linken Hand wird einmal von links unten nach rechts oben gezeigt, um einen Regenbogen anzudeuten.*

6. *Mit der rechten Hand werden drei Finger gezeigt.*

7. *Alle stehen auf und drehen sich einmal um sich selbst.*

8. *In gebückter Haltung schlackern die Beine hin und her.*

Auf dieser Internetseite können Sie sich das auch anschauen und anhören: http://www.youtube.com/watch?v=zEyT9SfWSc4

Dauer: mit Erlernen und mehrmaligem Singen und Bewegen 10 Minuten

Material: keines

RATESPIEL

PANTOMIME

Viele Musikinstrumente kann man erraten, wenn man deren Benutzung pantomimisch darstellt. Regen Sie Ihre Teilnehmenden dazu an, ein Musikinstrument auf diese Weise zu »benutzen«, und lassen Sie die anderen erraten, welches Instrument gemeint sein könnte. Diese Instrumente eignen sich besonders gut dazu:

* *Blockflöte*
* *Klavier*
* *Orgel*
* *Trompete*

- *Querflöte*
- *Trommel*
- *Triangel*

- *Harfe*
- *Gitarre*

Dauer: 10 Minuten

Material: keines

SAMMELAUFGABE

MUSIKINSTRUMENTE

Lassen Sie die Teilnehmenden zu den gängigen Buchstaben des ABCs ein Musikinstrument benennen oder Sie teilen die ABC-Schablone ausgedruckt aus und lassen diese ausfüllen. So könnten die Antworten aussehen:

- *Alphorn*
- *Bratsche*
- *Cembalo*
- *Dudelsack*
- *E-Piano*
- *Fagott*
- *Geige*
- *Harfe*
- *Inventionshorn*
- *Jagdhorn*
- *Klarinette*

- *Laute*
- *Mandoline*
- *Naturwaldhorn*
- *Oboe*
- *Pauke*
- *Querflöte*
- *Ratsche*
- *Saxofon*
- *Trommel*
- *Ukulele*
- *Violine*

- *Westerngitarre*
- *Xylofon*
- *Zimbel*

Dauer: 10 Minuten

Material: ggf. die ausgedruckte ABC-Schablone (siehe CD -> Vorlagen -> ABC-Schablone)

KOMPONISTEN UND DIRIGENTEN

Ebenso können Sie zu jedem Buchstaben des ABCs einen Komponisten oder Chorleiter oder Dirigenten benennen lassen. Wenn Sie die Namen zunächst ohne Vornamen nennen lassen, könnten Sie in einer zweiten Aufgabe noch die Vornamen suchen lassen. So könnten die Antworten aussehen:

Nachname	Vorname
Abraham	Paul
Beethoven	Ludwig van
Chopin	Frédéric
Dvorák	Anton
Egk	Werner
Fischer	Gotthilf
Gershwin	George
Händel	Georg Friedrich
Isaak	Heinrich
Jürgens	Udo
Künneke	Eduard
Liszt	Franz

Mozart	Wolfgang Amadeus
Nicolai	Otto
Orff	Carl
Pachelbel	Johann
Reger	Max
Schumann	Robert
Telemann	Georg Philipp
Verdi	Giuseppe
Wagner	Richard
Zelter	Carl Friedrich

Dauer: 10 Minuten

Material: keines

WERKE DER MUSIK

Haben Sie eine sehr musikinteressierte und musikbegeisterte Gruppe, wird es den Teilnehmenden Spaß machen, zu jedem Buchstaben des ABCs auch noch ein Werk aus der Musik zu finden. So könnten die Antworten aussehen:

* *Aida*
* *Barbier von Sevilla*
* *Carmina Burana*
* *Der fliegende Holländer*
* *Ein Maskenball*
* *Feuerwerksmusik, Fleder-*

   maus, Freischütz
* *Götterdämmerung*
* *Hänsel und Gretel*
* *Im weißen Rössl*
* *Jahreszeiten*
* *Kaiserwalzer*

- *Land des Lächelns*
- *Madame Butterfly*
- *Nabucco*
- *Orpheus in der Unterwelt*
- *Peter und der Wolf*
- *Rosenkavalier*
- *Schwanensee*
- *Turandot*
- *Ungarische Hochzeit*
- *Verkaufte Braut*
- *Wassermusik, Weihnachtsoratorium, Winterreise*
- *Xerxes*
- *Zar und Zimmermann, Zigeunerbaron, Zauberflöte*

Halten Sie gerne auch einige Hörbeispiele bereit, die Sie präsentieren können. Oder laden Sie dazu ein, die Teilnehmenden mögen ihre persönlichen Lieblingsstücke mitbringen.

Lesen Sie in diesem Zusammenhang die Geschichte »Ein Haus mit besonderer Wertschätzung« aus meinem Buch »Es glockt schon« vor, das Sie hineinnimmt in die besonderen Eindrücke von einem Besuch in dem von Giuseppe Verdi gegründeten Altenheim für Musiker in Mailand.

Dauer: 10 Minuten, mit Hörbeispielen und Geschichte länger

Material: ggf. Hörbeispiele und Abspielgerät

ZUM VORLESEN

MEINE GITARRE

Viele Aufgaben in meinem Beruf machen mir viel Freude, manchmal sogar so sehr, dass es fast peinlich ist, dafür auch noch Geld zu bekommen. Eine Aufgabe allerdings bereitete mir schon mit dem Entschluss, Diakonin zu werden, viel Kopfzerbrechen. Ich würde singen müssen! Mit den Kindern im Kindergottesdienst wäre das noch kein allzu großes Problem, aber die Konfirmanden würden jeden falschen Ton hören und mich sicherlich auslachen. Also musste ich mir Hilfe holen. Ich kaufte zunächst eine Blockflöte und brachte mir selbst die Flötentöne bei, damit ich schon mal ein bisher unbekanntes Lied einüben könnte. Im Zusammensein mit einer Gruppe allerdings war die Flöte weniger hilfreich, denn mit ihr hatte ich den Mund schon voll. Da wäre ein Klavier besser, hätte allerdings den gravierenden Nachteil erheblicher Transportprobleme. Also schwenkte ich um auf eine Gitarre. Die war handlich und ich hatte den Mund frei für Ansagen, Ermahnungen und natürlich zum Singen. Der Kauf der Flöte hatte meine damalige Vermieterin nicht sonderlich erfreut, denn die Übungsstunden, die ich mir selbst auferlegte, hörten sich an, als sei ich meiner Katze auf den Schwanz getreten. Als ich dann mit der Gitarre nach Hause kam, schnaufte sie bedenklich. Nicht die Katze, sondern die Vermieterin, obwohl auch die Katze meine ersten Versuche nicht wirklich zu schätzen wusste.

Nach und nach ging es immer besser, wenn ich auch nicht wirklich zu einer Virtuosin wurde. Um im Üben bloß nicht nachzulassen, gründete ich gleich zu Beginn meiner Tätigkeit eine Gitarrengruppe, der ich das Begleiten von Liedern beibrachte. So musste ich am Ball oder besser an den Saiten bleiben, wenn ich auch immer nur gerade eine Lektion im Voraus war. Nach und nach taten die Fingerspitzen nicht mehr gar so weh, und manchmal klang es schon richtig gut. Dann machte ein Unfall meiner steilen Karriere ein gewaltsames Ende. Ich hatte die Gitarre mit in ein Altenpflegeheim

genommen und dort nicht besonders klug an einer Tür ab-
gestellt. Eine alte Dame fuhr mit ihrem Rollator dagegen,
die Gitarre fiel um und brach sich den Hals. Und weil das
zeitlich in etwa mit meinem Abschied aus der Gemeinde
und dem Beginn der Arbeit als Seniorenbeauftragte zusam-
menfiel, habe ich keine neue Gitarre mehr gekauft. Aber
wenn ich bei einem Besuch oder bei Freunden eine stehen
sehe, dann wird mir ganz nostalgisch ums Herz.

Dauer: Vorlesezeit 5 Minuten

Material: die Geschichte

Zahlen – Daten – Erinnerungen

Es gibt eine ganze Reihe von Daten, die den älteren Men-
schen noch sehr lebendig vor Augen sind. Oft haben sie
Erinnerungen daran, was sie an diesem Tag oder in dieser
Zeit gemacht haben, welche Gedanken und Gefühle die
Ereignisse begleitet haben und welche Umstände dieses
Ereignis gekennzeichnet haben. Im Rückblick kann darüber
nachgedacht und gesprochen werden, wie diese Ereig-
nisse sich auf das Leben ausgewirkt haben.

EIGENE ANNÄHERUNG AN DAS THEMA

An welche Ereignisse des 20. und 21. Jahrhunderts können
Sie sich selbst gut erinnern? Was davon hat Sie gefreut,
schockiert, geängstigt oder bewegt? Welche Ereignisse
möchten Sie Ihren Teilnehmenden zumuten?

GESPRÄCHSIMPULS / WISSEN

WAS WAREN DIE WICHTIGSTEN EREIGNISSE DES 20. JAHRHUNDERTS?

Lassen Sie die Teilnehmenden zusammentragen, was nach
deren Ansicht die 20 wichtigsten Ereignisse seit dem Ende
des Zweiten Weltkriegs waren. Einen Überblick über das
gesamte Jahrhundert gibt die Internetseite»www.ta7.de«.
Viele der Ereignisse sind sehr bewegend und werden nicht
nur schöne Erinnerungen wecken. Seien Sie also darauf

vorbereitet, dass auch von persönlich sehr bewegenden Erinnerungen erzählt wird. Alle diese Ereignisse waren auch Schlagzeilen in der Presse und im Fernsehen, sodass Sie im Internet sicherlich zu allen auch Bilder finden werden.

Link: http://www.ta7.de/txt/listen/list0001.htm

Dauer: 20 Minuten

Material: ggf. ein Flipchart zum Notieren der Nennungen

GESPRÄCHSIMPULS

WO WAREN SIE, ALS …

Erinnern Sie die Teilnehmenden an folgende Ereignisse und fragen Sie dazu, wo sie da waren, welche Erinnerungen sie daran haben, was sie gedacht haben, wie das Ereignis erlebt wurde.

- *Ende des Zweiten Weltkriegs*
- *Währungsreform*
- *Volksaufstand in der DDR*
- *Bau der Berliner Mauer*
- *Kennedys Rede »Ich bin ein Berliner«*
- *Erster bemannter Raumflug mit Jury Gagarin*
- *Ermordung John F. Kennedys*
- *Ermordung Martin Luther Kings*
- *Sturmflut in Norddeutschland und Hamburg*
- *Adenauers Tod*

- *Schah-Besuch in Berlin und Schuss auf Benno Ohnesorg*
  - *Krönung von Elisabeth II.*
  - *Schneekatastrophe*
  - *Mondlandung*
  - *Öffnung der Berliner Mauer*
  - *Anschläge auf die Twin Towers*

Wenn Ihnen noch weitere Ereignisse einfallen, zu denen die Teilnehmenden einen besonderen Bezug oder eine Erinnerung haben könnten, fügen Sie die Fragen noch ein. Gut sind in diesem Zusammenhang auch regionale Ereignisse, wie die Einweihung der eigenen Kirche, ein Jubiläum oder ein herausragendes Ereignis in der eigenen Stadt oder Gemeinde.

Dauer: je nach Auswahl der Ereignisse sehr unterschiedlich, rechnen Sie pro Ereignis mit 10 Minuten

Material: keines

ZUSAMMENTRAGEN VON WISSEN

ZEITLEISTE

Haben Sie eine historisch besonders interessierte und bewanderte Gruppe oder auch einzelne solcher Teilnehmer, können Sie die Aufgabe stellen, man möge die oben abgefragten Ereignisse in die zeitlich richtige Reihenfolge bringen. So wäre die Antwort richtig:

Ende des Zweiten Weltkriegs..*1945*

Währungsreform..*1948*

Krönung von Elisabeth II. von England......................*1953*

Volksaufstand in der DDR *1953*

Raumflug mit dem Russen Gagarin *1961*

Bau der Berliner Mauer *1961*

Sturmflut an der deutschen Nordseeküste *1962*

Kennedys Rede in Berlin »Ich bin ein Berliner«.......*1963*

Ermordung John F. Kennedys *1963*

Tod Adenauers *1967*

Schah-Besuch in Berlin *1967*

Ermordung Martin Luther Kings *1968*

Mondlandung *1969*

Schneekatastrophe *1979*

Maueröffnung *1989*

Anschläge auf die Twin Towers *2001*

Die Ereignisse sind zeitlich nun so geordnet, dass auch be-
rücksichtigt ist, in welchem Monat des Jahres das jeweilige
Geschehen stattgefunden hat.
Sie finden im Internet auch Bilder zu den Ereignissen, mit
denen Sie das Gespräch noch weiter anregen könnten.
Wenn Sie die Bilder ausdrucken, können Sie die Gruppe
dazu einladen, die Bilder aufzudecken, dazu zu erzählen
und sie in die richtige Reihenfolge zu bringen.

Dauer: 15 Minuten

Material: die Liste mit den Ereignissen und für Sie selbst die Lösung, sicherheitshalber ein Lexikon

GESCHICHTSZAHLEN / -FAKTEN

Früher gab es für das Lernen von Geschichtszahlen kleine Merksprüche, die viele der älteren Menschen gut in Erinnerung haben. Lassen Sie solche Merksprüche zusammentragen. Vielleicht helfen Sie mit einigen Beispielen am Anfang. Bei fast allen Sprüchen ist es so, dass Sie die Zahlen einzeln lesen müssen, also beim ersten Beispiel nicht siebenhundertdreiundfünfzig, sondern sieben – fünf – drei sagen. Dann könnte das Ergebnis so aussehen:

753	Rom springt aus dem Ei
333	war bei Issos Keilerei
100	Cäsar trank die Pull (Geburt)
Märzen vierzig vier	Brutus packten Neid und Gier (Cäsars Ermordung)
375	die Völker machen sich auf die Strümpf
476	Rom war ex
800	Karl besteigt den Stuhl
962 (zwo)	der Kaiser heißt Otto
17 vor und 17 nach sind dem Luther seine Tag, 17 Jahre später dann, das Wort auf Deutsch man lesen kann.	Geburt Luthers 1483, Thesenanschlag 1517, Bibelübersetzung 1534
8 vor 1500	Kolumbus wird bewundert

Diese Internetseite bietet weitere Eselsbrücken: http://www.die-eselsbruecke.de/

Dauer: 10 Minuten

Material: ggf. ein Flipchart zum Notieren

REIHENFOLGE DER BUNDESKANZLER SEIT GRÜNDUNG DER BUNDESREPUBLIK

Sicher können die Teilnehmenden die Reihenfolge der Bundeskanzler der Bundesrepublik auch so aufsagen. Mit dem folgenden Spruch geht es noch leichter:

»*Alle ehemaligen Kanzler bringen sonntags keine Semmeln mit.*«

Nehmen Sie jeweils den Anfangsbuchstaben der einzelnen Worte dieses Satzes und Sie haben die Anfangsbuchstaben der Kanzler, nämlich:

* *Adenauer*
* *Erhard*
* *Kiesinger*
* *Brandt*

* *Schmidt*
* *Kohl*
* *Schröder*
* *Merkel*

Lassen Sie in einer zweiten Runde die jeweiligen Vornamen finden. Die Lösung sieht so aus:

* *Konrad*
* *Ludwig*
* *Kurt-Georg*
* *Willy*

* *Helmut*
* *Helmut*
* *Gerhard*
* *Angela*

Dauer: 10 Minuten

Material: keines

BUNDESPRÄSIDENTEN SEIT GRÜNDUNG

Auch zu der Reihenfolge der Bundespräsidenten gibt es einen solchen Hilfssatz. Er lautet:

*»**H**einrich **L**übke **h**at **s**einer **c**harmanten **W**ilhelmine **h**interm **R**ednerpult **k**eine **W**iderworte **g**egeben!«*

Damit kann man sich die Reihenfolge der Bundespräsidenten gut merken:

* *Heuss*
* *Lübke*
* *Heinemann*
* *Scheel*
* *Carstens*
* *von Weizsäcker*

* *Herzog*
* *Rau*
* *Köhler*
* *Wulff*
* *Gauck*

Die Liste entstand aus einer Bearbeitung dieser Internetseite: http://de.wikipedia.org/wiki/Liste_von_Merkspr%C3%BCchen

Dauer: 5 Minuten

Material: keines

ZUORDNUNGSSPIEL

Lassen Sie die Teilnehmenden Wörter finden, die jeweils mit dem Zahlwort beginnen. So könnte die Liste aussehen:

* *einmalig, einsam, einzigartig, einfühlsam, Einfalt, Einsiedler, einigeln, einhergehen …*
* *Zweisamkeit, Zweifel, Zweirad, zweigeteilt …*
* *Dreieinigkeit, Dreirad, Dreibein*

- *Viertel, Viergang, Vierung ...*

- *Fünftel, Fünfgang, Fünftagewoche ...*

- *Sechstel, Sextant, Sextett ...*

- *Siebtel, Siebenmeilenstiefel, Siebenschläfer, siebengescheit ...*

- *Achtsam, Achtel, Achtgang, Achterbahn ...*

- *Neunmalklug, Neunauge ...*

- *Zehnter, Zehntel, Zehnkampf ...*

Dauer: 10 Minuten

Material: keines

ZUSAMMENTRAGEN VON WISSEN

ERFINDUNGEN UND ENTDECKUNGEN

In welcher zeitlichen Reihenfolge erschienen die folgenden Erfindungen in der Welt? Teilen Sie die Liste aus und lassen Sie die Teilnehmenden miteinander die Reihenfolge festlegen. Am Ende geben Sie die Lösung preis. Die Liste ist mit Bedacht in alphabetischer Reihenfolge erstellt.

Jahreszahl	*Erfindung*
	Antibabypille
	Elektrischer Schneebesen
	Filzstifte
	Fließband
	Gameboy
	Haartrockner

	Handy
	Herzschrittmacher
	Internet
	Klettverschluss
	Kreditkarte
	Kugelschreiber
	Langspielplatte
	Mikrowellengerät
	Nylon
	Personalcomputer
	Reißverschluss
	Schwarz-Weiß-Fernseher
	Sofortbild-Kamera
	Staubsauger
	Tonbandgerät
	Verkehrsampel
	Wettervorhersage

Hier nun die Auflösung, denn so wäre es richtig gewesen.

Jahreszahl	*Erfindung*
1901	Staubsauger
1910	Elektrischer Schneebesen
1913	Fließband
1914	Reißverschluss
1914	Verkehrsampel
1920	Haartrockner
1921	Wettervorhersage
1924	Schwarz-Weiß-Fernseher
1934	Nylon

1935	Tonbandgerät
1938	Kugelschreiber
1945	Mikrowellengerät
1947	Sofortbild-Kamera
1948	Langspielplatte
1950	Kreditkarte
1951	Klettverschluss
1957	Antibabypille
1960	Herzschrittmacher
1963	Filzstifte
1969	Internet (Vorläufer Arpanet)
1972	Handy
1977	Personalcomputer
1989	Gameboy

Kommen Sie mit Ihren Teilnehmenden darüber ins Gespräch, wie sie diese Erfindungen erlebt haben, welche sie nutzen, welche sie wichtig und welche sie überflüssig finden. Vielleicht erinnert sich noch jemand daran, wie die eine oder andere Erfindung ihren Weg in die Welt nahm. Vielleicht hat jemand aus Ihrer Gruppe selbst auch etwas erfunden. Es muss ja nicht gleich der große Wurf gewesen sein, auch kleine Erfindungen sind interessant, und es macht den Menschen Spaß, davon zu erzählen.

Diese Internetseite war mir beim Zusammenstellen der Erfindungen und Daten hilfreich: http://kindred.de/ErfindungendesZwanzigstenJahrhunderts

Dauer: Da es viele Gespräche geben wird, schätze ich die Dauer auf 30 Minuten, mit Gespräch über die Erfindungen länger.

Material: die Liste mit den Erfindungen, noch ungeordnet

Leipziger Allerlei für das Gedächtnis

Mit Übungen zum Gedächtnistraining können Sie entweder die ganze Zeit der Zusammenkunft gestalten, oder Sie nutzen nur einzelne Elemente aus dieser Einheit, wenn Sie beispielsweise am Ende des Treffens noch einige Minuten füllen möchten. Diese Internetseite bietet übrigens regelmäßig schöne Ideen für das Gedächtnistraining: www.mal-alt-werden.de. Es lohnt sich, immer mal wieder auf diese Seite zu gehen.

EIGENE ANNÄHERUNG AN DAS THEMA

Wie gut ist Ihr Gedächtnis? Welche Tipps und Tricks kennen Sie zur Verbesserung der Gedächtnisleistung, die Sie ggf. an die Teilnehmenden weitergeben können? Wissen Sie über die Veränderungen im Gedächtnis älterer Menschen Bescheid, sodass Sie daraus Konsequenzen ziehen und die Übungen entsprechend gestalten können? Kennen Sie einen professionellen Gedächtnistrainer, der Sie ggf. unterstützen könnte?

Hier einige Tipps dazu, was Sie beim Gedächtnistraining mit älteren Menschen berücksichtigen sollten:

• *Wettspiele und Konkurrenzkampf verschlechtern die Gedächtnisleistung.*

• *Ältere Menschen brauchen oft mehr Zeit für die Aufgaben, sind dann aber genauso leistungsfähig wie jüngere Menschen.*

- *Das Gedächtnis älterer Menschen ist störanfälliger. Sorgen Sie also für ein ruhiges Umfeld.*

- *Die Konzentrationsspanne wird kürzer. Machen Sie öfter Pausen.*

- *Nachlassende Sinneswahrnehmungen beeinträchtigen das Gedächtnis. Ein häufiger Wechsel der Methoden ist da hilfreich.*

- *Das Gedächtnis älterer Menschen ist dann besonders gut, wenn es um länger zurückliegende Ereignisse und Erlebnisse geht. Nutzen Sie also das gute Langzeitgedächtnis der älteren Menschen.*

- *Gedächtnistraining meint nicht nur Abfragen von gespeichertem Wissen. Flechten Sie kleine Übungen mit ein, in denen sich die Teilnehmenden etwas Neues merken sollen. Dazu sind kleine Geschichten gut geeignet, zu denen später Details erfragt werden.*

- *Gedächtnisleistungen sind dann besonders gut, wenn mit viel Spaß und Freude agiert wird.*

- *Wenn das Training an oft ungute Schulerfahrungen erinnert, entstehen Blockaden.*

- *Der Gedächtnistrainer ist ein wichtiger Motivator. Wenn Sie mit viel Schwung und Elan vorgehen und die eigene Freude an Ihrem Tun spürbar ist, wird die Gruppe gut mitgehen.*

- *Flüssigkeiten machen das Gedächtnis fließender. Bieten Sie immer wieder etwas zu trinken an.*

SUMMENRÄTSEL

MAI ...

Lassen Sie in einem Summenrätsel möglichst viele Worte suchen, die mit der Vorsilbe »Mai« beginnen. So könnte die Liste aussehen:

- *Maiglöckchen*
- *Mairegen*
- *Mailand*
- *Maibüx (plattdeutscher Ausdruck für helle Hose)*
- *Maigang*
- *Maiandacht*

- *Maifeier*
- *Mainau*
- *Mainz*
- *Maikäfer*
- *Maikatze*
- *Maibowle*

Dauer: 5 Minuten
Material: keines

LIED / SINGEN

DER MAI IST GEKOMMEN

Zur Melodie des Liedes »Der Mai ist gekommen« kann man den Text des Kirchenliedes »Befiehl du deine Wege und was dein Herze kränkt« singen. Probieren Sie es mit Ihren Teilnehmenden aus und kommen Sie darüber ins Gespräch, wie sich die schwungvolle Melodie auf ein ganz anderes Gefühl beim Singen der eher getragenen Texte des Liedes aus dem Evangelischen Gesangbuch auswirkt. Auch auf die Melodie des Liedes »Bolle reiste jüngst zu Pfingsten« lässt sich der Text von »Befiehl du deine Wege und was dein Herze kränkt« singen.

Dauer: mit Erlernen und Ausprobieren 10 Minuten

Material: keines, da das Lied auswendig gekannt wird

KREATIVES

EIGENER LIEDTEXT

Zu eingängigen und bekannten Melodien wie den eben genannten und auch zu Liedern, die einen einfachen Reim haben, bietet es sich an, in der Gruppe eigene Texte zu entwickeln, die so etwas wie das Seniorenkreislied werden können. Geben Sie zur Ermutigung vielleicht die erste Zeile des neuen Textes vor, der zu Ihren Teilnehmenden passt.

Dauer: 15 Minuten

Material: Papier und Stifte, ggf. ein Begleitinstrument

ZUSAMMENTRAGEN VON WISSEN

BUCHSTABEN ERGÄNZEN UND NEUE WÖRTER BILDEN

Bei den folgenden Städtenamen fehlt immer der erste Buchstabe, der ergänzt werden soll. Aus den so gefundenen Buchstaben sollen die Teilnehmenden im Anschluss viele neue Wörter bilden. Diese neuen Wörter müssen keine Städtenamen sein. Es dürfen Buchstaben weggelassen werden, aber keine hinzugenommen werden, die bei der Ergänzung des ersten Buchstabens nicht vorkamen. Damit es nicht zu einfach wird, sollten die neu gefundenen Wörter mindestens vier Buchstaben haben.

- _ERN
- _OM
- _THEN
- _TOCKHOLM
- _SLO
- _ARIS
- _ADRID
- _ONDON
- _ELSINKI
- _ARSCHAU

- _OSKAU
- _ISSABON
- _UKAREST
- _IEN
- _ÜNCHEN
- _ÜRICH
- _MSTERDAM
- _RÜSSEL
- _UDAPEST
- _UBLIN

Sie haben also diese Buchstaben zur Verfügung:

- B
- R
- A
- S
- O
- P
- M
- L
- H
- W

- M
- L
- B
- W
- M
- Z
- A
- B
- B
- D

... und finden vielleicht diese Wörter:

- *Zahl*
- *Brahms*
- *Ball*
- *Mahl*
- *Lahm*
- *Wahl*
- *Holm*

- *Wall*
- *Wohl*
- *Zahm*
- *Rahm*
- *Mars*
- *Damm*
- *...*

Sie können diese Idee auch so nutzen, dass Sie den Teilnehmenden am Ende der Zusammenkunft die Aufgabe kopiert mitgeben und dazu auffordern, man möge doch zu Hause viele neue Wörter finden. Loben Sie einen kleinen Preis für denjenigen aus, der beim nächsten Mal die meisten Wörter präsentieren kann. Da es sich ja um Städtenamen handelt, wäre doch ein Stadtführer eine nette Idee.

Dauer: 10 Minuten

Material: die Liste mit den Städtenamen, bei denen der erste Buchstabe fehlt

WÖRTER FINDEN

ENNEA

In unserer Tageszeitung findet sich jeden Tag ein Rätsel, das eine gute Übung für das Gedächtnis ist und dazu verhilft, schnell Wörter zu finden.

Es geht so, dass man aus neun Buchstaben, die in einem Gitter stehen, möglichst viele Begriffe bilden soll. Vornamen und Städte sind ebenso erlaubt wie alle anderen Wörter, die man in einem Wörterbuch findet, allerdings immer nur in der Einzahl. Der Buchstabe, der in der Mitte, in dem grau unterlegten Feld steht, muss immer dabei sein. Die gefundenen Wörter sollten mindestens vier Buchstaben haben. Es dürfen keine Buchstaben dazugenommen werden, die nicht in dem Gitter stehen.

Die gefundenen Wörter geben so viele Punkte, wie sie Buchstaben haben. Für das Wort mit allen neun Buchstaben gibt es 20 Punkte. Hier ein Beispiel:

U	S	H
T	**B**	E
B	C	A

Hier könnten Sie nun also diese Wörter bilden:

* *Buch*
* *Bach*
* *Stube*
* *Beat*
* *Busch*
* *Stab*
* *Habe*

* *Base*
* *Bast*
* *Tuba*
* *Buche*
* *Bus*
* ...

Das Wort mit allen neun Buchstaben lautet: Buchstabe

Wenn Sie diese Übung vereinfachen wollen, verzichten Sie auf die Regel, dass der mittlere Buchstabe immer enthalten sein muss. Dann findet man viel mehr Wörter.

Dauer: 5 Minuten

Material: das ausgedruckte Buchstabengitter, Stifte

WÖRTER FINDEN

ZWISCHENRAUM

Finden Sie jeweils ein Wort, das hinter das erste Wort und vor das zweite Wort passt. Manchmal muss noch ein Buchstabe hinter das mittlere Wort, meistens ein n.˙
Beispiel:

Koch	Topf	Lappen
Butter		Bubi

Apfel		Teller
Flaschen		Tuch
Herd		Bau
Eis		Tür
Fisch		Flechte
Rinder		Soße
Muskat		Kuchen
Wein		Post
Sahne		Taucher
Tisch		Fluter
Kittel		Jäger
Nudel		Kasper
Ernte		Umzug
Schreib		Decke
Griffel		Brot
Puppen		Hocker
Urlaubs		Lust
Flut		Spiel
Kinder		Tor
Winter		Leuchten
Ausstellungs		Gut
Zahn		Besuch

Hier für Sie die Lösungen:

- 1. Topf
- 2. Milch
- 3. Kuchen
- 4. Hals
- 5. Platten

- 6. Schrank
- 7. Schuppen
- 8. Braten
- 9. Nuss
- 10. Flasche

- 11. *Haube*
- 12. *Decke*
- 13. *Schürze*
- 14. *Suppe*
- 15. *Fest*
- 16. *Tisch*
- 17. *Kasten*
- 18. *Stube*
- 19. *Liebe*
- 20. *Licht*
- 21. *Garten*
- 22. *Wetter*
- 23. *Stück*
- 24. *Arzt*

Dauer: 10 Minuten

Material: die Liste mit den Wörtern und dem Zwischenraum

SPIEL

VERDREHTE SPRICHWÖRTER

Unter dem Titel »Zu wahr, um schön zu sein« hat Bastian Sick 16 Postkarten herausgegeben, auf denen bekannte Sprichwörter verdreht worden sind. Die Aufgabe besteht darin, diese Sprichwörter im richtigen Wortlaut wiederzugeben. Sie erhalten die Postkarten unter ISBN 978-3-462-04009-8. Ich habe die jeweils richtige Version auf die Rückseite der Karten geschrieben und daraus ein Spiel hergestellt. So habe ich die Spielregeln formuliert:

REDEN IST SCHWEIGEN – SILBER IST GOLD

Die Karten liegen mit der bunten Seite nach oben auf dem Tisch, sind aber mit einem Tuch abgedeckt. Ein Spieler greift unter das Tuch und nimmt sich eine Karte. Er liest vor, was darauf steht, und korrigiert das verdrehte Sprichwort. Kommt er nicht auf die richtige Wendung, helfen die anderen Spieler. Dann ist der Nächste im Uhrzeigersinn an der Reihe, bis alle Karten aufgebraucht sind.

Zum Schluss kann man noch darüber ins Gespräch kommen, welche der Redensarten sich im Leben als wahr erwiesen haben.

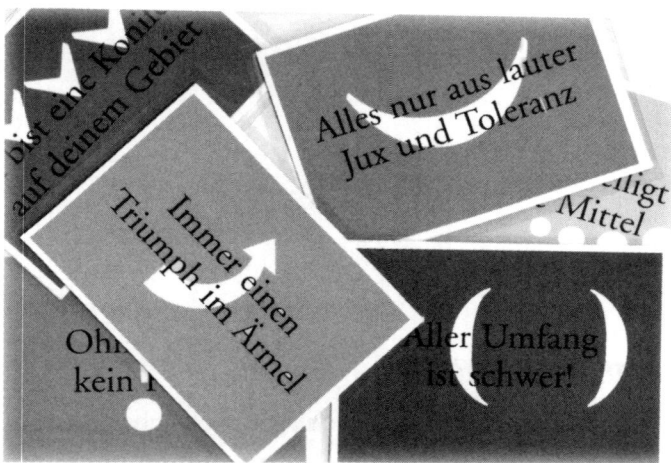

Natürlich kann die Gruppe auch die Aufgabe bekommen, ein ähnliches Verwirrspiel mit anderen Redensarten zu entwickeln. Die so entstandenen Aufgaben können den anderen dann mündlich gestellt werden.

Karten: Bastian Sick, Spielidee: Rita Kusch

Dauer: 10 Minuten

Material: entweder nur die verdrehten Sprichwörter oder die Karten

Nach dem hier angewandten Strickmuster können Sie leicht auch selbst Redensarten und Sprichwörter verdrehen und die Aufgabe stellen, die richtige Lösung herauszufinden.

Eine kleine Sammlung von Möglichkeiten dazu finden Sie hier:

- *Die Birne fällt nicht weit vom Stamm.*
- *Alles in Sahne.*
- *Wie aus dem Revolver geschossen.*
- *Nun lass doch mal das Rathaus im Dorf.*
- *Das geht ab wie Schmidts Hofhund.*
- *Hier zieht es wie Forellensuppe.*
- *Da kommst du vom Regen ins Gewitter.*
- *Am Dienstag machen wir grün.*
- *Ich habe noch etwas Geld in der niedrigen Schublade.*
- *Man soll den Tag nicht vor der Nacht loben.*
- *Der ist wahrlich nicht auf Nelken gebettet.*
- *Musst du überall deinen Meerrettich dazugeben?*
- *Friss, Vogel, oder flieg.*
- *Die Donau überschreiten.*
- *Dazu bringen mich keine fünf Katzen.*
- *Das ist nicht auf meinem Kompost gewachsen.*
- *Anfang schwer, alles schwer.*

So müsste es richtig heißen:

- *Der Apfel fällt nicht weit vom Stamm.*
- *Alles in Butter.*

- *Wie aus der Pistole geschossen.*
- *Nun lass doch mal die Kirche im Dorf.*
- *Das geht ab wie Schmidts Katze.*
- *Hier zieht es wie Hechtsuppe.*
- *Da kommst du vom Regen in die Traufe.*
- *Am Montag machen wir blau.*
- *Ich habe noch etwas Geld auf der hohen Kante.*
- *Man soll den Tag nicht vor dem Abend loben.*
- *Der ist wahrlich nicht auf Rosen gebettet.*
- *Musst du überall deinen Senf dazugeben.*
- *Friss, Vogel, oder stirb.*
- *Den Rubikon überschreiten.*
- *Dazu bringen mich keine zehn Pferde.*
- *Das ist nicht auf meinem Mist gewachsen.*
- *Ende gut, alles gut.*

Dauer: 5 Minuten

Material: die verdrehten Sprichwörter

Schlusswort

Ob Sie in den gelesenen Einheiten und Vorschlägen wirklich Schätze gefunden haben, muss ich natürlich Ihrer Entscheidung überlassen. Ich freue mich, wenn Ihnen die Vorschläge gefallen haben und Sie etwas davon umsetzen konnten, ich freue mich aber ebenso, wenn Sie durch meine Ideen eigene Ideen entwickeln konnten. Wenn Sie dem aktivierenden Ansatz des Buches und der immer wiederkehrenden Aufforderung, die ältere Generation zum Erzählen anzuregen, gefolgt sind, werden Sie ganz gewiss Schätze gefunden haben, solche Schätze nämlich, die die alten Menschen in Form von Erfahrungen, Erinnerungen und Lebensweisheit in sich tragen und die nun geteilt und ausgetauscht wurden. Dann hat es sich wieder einmal bewahrheitet, dass Mitarbeitende in der Seniorenarbeit in Wirklichkeit Schatzsucher sind und dass sie nicht nur schöne Stunden schenken, sondern sehr oft selbst die Beschenkten sind.

Gerne höre ich, wie es Ihnen bei der Nutzung des Buches ergangen ist, was Ihnen gefallen hat und gelungen ist, aber auch, welche Verbesserungsvorschläge Sie haben. Meine Mail-Adresse ist: ritakusch@web.de

Wenn es bei Ihnen einen größeren Kreis von Mitarbeitenden in der Seniorenarbeit gibt, komme ich auch gerne zu Ihnen, um Ihnen das Buch und viele der darin beschriebenen Materialien und Erzählimpulse vorzustellen.